老松克博

共時性の深層

ユング心理学が開く霊性への扉

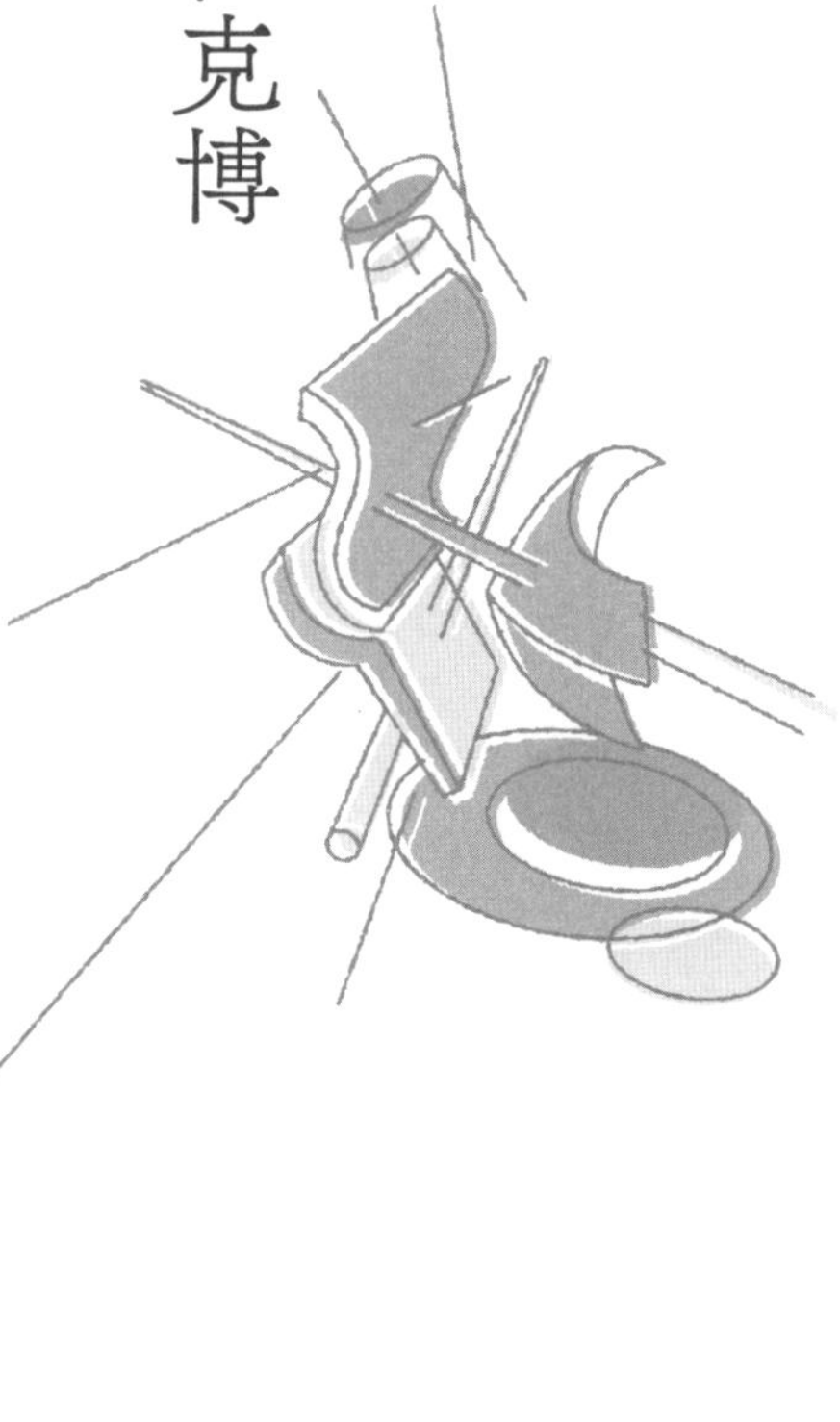

コスモス・ライブラリー

はじめに

書棚の爆発音

一九〇九年のこと、若きカール・グスタフ・ユングCarl Gustav Jung（一八七五〜一九六一年）は、尊敬するジークムント・フロイトSigmund Freud（一八五六〜一九三九年）をウィーンに訪ねた（次頁、図1）。ユングは、のちに分析心理学と呼ばれる新たな深層心理学を打ち立てることになる、スイスの精神科医。フロイトは、このときすでに精神分析学という最初の深層心理学を創始していた、オーストリアの神経科医である。なお、深層心理学とは、無意識というものの存在を仮定して構築された臨床心理学の体系をいう。

予知と超心理学についてどう思うかとユングが訊いたところ、フロイトは「物質主義的な偏見」と「浅薄な実証主義」にもとづいてすべての質問を退けたという。そのとき、ユングは奇妙な感覚を覚えた。自分の横隔膜が鉄でできていて灼熱のドーム状になりつつあるような感じがしたのである。次の瞬間、両者のすぐ隣にあった書棚で大きな爆発音がした。あまりの音の激しさに、ふたりとも、その書棚が倒れかかってきはしないかと怯えて飛び上がるほどだった。

ユングはこの現象を超心理学的な立場から説明しようとしたが、フロイトは戯言だと言下に否定した。ユングはそれを聞いて、自分の観点が正しいことを証明したくなり、まもなくまた大きな爆発音がすると予言した。どういうわけか、そのような確信があったのだという。そして、彼がそう言い終わるか終わらないかのうちに、書棚からほんとうにもう一度同じ爆発音が轟いた（図2）。

以上は、ユングが晩年に語った回想であり、彼の死後に出版された自

図1　C・G・ユング（Jaffé, A., 1977より）

伝に記されているエピソードの一つである（Jung, 1971/1987）。そのときフロイトは仰天して、ただユングを見つめるだけだったというが、私たちが今こうして読み返してみても、まことに不思議としか言いようがない。それは、現代の私たちにも、物質主義（唯物論）と実証主義が骨の髄までしみこんでいるからである。

さて、ここで注目したいのは、ユングとフロイトの意見の相違ではない。書棚というありえない場所から二回も発生した謎の爆発音の正体でもない。そうではなくて、ユングの経験した横隔膜が焼けて膨張する感覚と突然の激しい爆発音の発生というなんとも奇妙な符合、さらには、再度の爆発音に関してユングが抱いた根拠不明の確信

図2　フロイトとユング（Jaffé, A., 1977 より）
前列左端がフロイト，右端がユング。

とその実現との不思議な一致である。

こうした偶然の符合は、その場かぎりの奇態な現象というだけで終わらずに、予想だにしない結末へと発展することも多い。ユングとフロイトの場合で言えば、このエピソードは、師弟関係にあったふたりの考え方や方向性のちがいをことさらに浮き彫りにした。のみならず、ふたりの間で数年後に起きることになる避けがたい訣別の悲劇的な伏線になっていたとも見なしうる。ユングは、その結果、独自の深層心理学体系を構築するに至る。

ユングの語るこのエピソードほど奇異なものではないにしても、偶然の符合は誰もが経験していることだろう。たとえば、みずからの来し方を振り返ってみて、「迷っていたちょうどあのときにあのようなことが起きたから私はこの道を選んだのだったな」と深い感慨を覚える人も少なくはあるまい。偶然の符合の妙に対して意味を感じ、生の不思議に思いをはせるのである。

私たちはこのような現象をどう理解し、どう生きたらよいのだろうか。超心理学やオカルト科学の観点から探求してみるのも一つの方法だとは思うが、いわゆる超能力や霊魂の実在をめぐって水掛け論に陥ってしまいやすい。議論の混乱は必至である。かといって、一般的な科学の立場から論じるのもおそらく不毛だろう。物質主義や実証主義の偏狭さと限界は、すでにユングが指摘しているとおりである。

偶然の符合をどう検討するか

本書では、ほかならぬユングその人が体系化した深層心理学の立場から、偶然の符合の謎に迫ってみたい。紹介したユングとフロイトのやりとりからも容易に見て取れるように、ユングは生涯、超常的な現象に縁が深かった。そのためもあって、神秘主義的傾向が強いと見られている。しかしユングは、超心理学に寄せる関心を保ちつつも、つねに一定の距離を取ることを忘れず、可能なかぎり科学的な態度を貫こうとした。

フロイトも自身の精神分析学を科学の枠組みのなかで構築しようと努めていた。にもかかわらず、ユングはフロイトから離反せざるをえなかった。ユングの拠って立つ科学がフロイトのそれと異なるところがあったとすれば、前者がとことん経験科学の立場を旨としていたことだろう。その点で、ユングの分析心理学は、物質主義や実証主義に連なる医学的心理学モデルを理想とするフロイトの精神分析学とは一線を画していた。

ユングの立場においては、経験的に存在するものごとを頭ごなしに否定したり拒んだりすることはない。既存の法則に反していようとも、またそれ自身のうちに矛盾や不整合が含まれていようとも、心がそのように経験するという事実を重視する。心は知恵を秘めている。心がそのように経験するのなら、そこになにがしかの真理が開示されている可能性がある。

だからといって、錯覚、幻覚、思い込み、勘ちがい、妄想、盲信、迷信などの存在を否定はしない。むろん、それらを排除するよう努める。ただし、基準は必ずしも実証主義的なものではない。実証主義的な基準によって排除されるもののなかには、未発見の真理が多数含まれている可能性がある。それらを捨て去らずに生かしておかなければ、新しい視野は開ける機会を失う。そこで掬い取られたもののうちいずれが真理であるかは、その後の時代の心ある人々の判定にゆだねられる。

以下に、少し長くなるが、ユング自身がみずからの心理学の立場を説明している言葉を引用しよう。「心理学と宗教」(Jung, 1940) と題する講演からのものである。

この立場はひたすら現象学的であります。つまり、出来事、事件、経験に関わるのです。要するに事実を問題にするのです。その真理は事実であり、判断ではありません。たとえば、心理学が処女誕生のモチーフについて語るとすると、そのような観念があるという事実のみを問題にしますが、そのような観念が何らかの意味で本当か、それとも嘘かどうかという問いは問題にしません。その観念は、それがあるかぎり、本当なのです。心理学的存在は、観念が一人のなかにだけ生じるものであるかぎり、主観的なものです。しかし、より大きな集団つまり、一般的合意 consensus gentium によって共有されるとき客観的になります。

自然科学の立場もこうしたものでしょう。心理学は、たとえば動物学がさまざまな種類の動物を扱うように、観念や他の精神的な内容を扱います。象は存在するのですから本当です。さらに象は論理的な結論でも主張でも、また創造主についての主観的な判断でもありません。象は単に一つの現象にすぎません。しかしながらわたしたちは、心的な事象が意志しだいでどうにでもなるものであり、まさに人間という創造主の発明したものであるという考えに慣れきってしまっています。そのために、心とその内容がわたしたちの意志で作り出したもの、あるいは多かれ少なかれ、思い込みと判断からの幻想的な所産に他ならないという偏見からほとんど自由になれずにいます。事実はどうかといえば、ある一定の観念はほとんどいたるところで、そしていつの時代でも、現われており、伝播や伝承とはまったく無関係に、ひとりでに生まれてくることさえあります。それらは個人が作りだしたものではなく、個人に湧き起こってくるのです。個人の意識に押し寄せてくるともいえます。これらはプラトン哲学ではありません。経験的心理学なのです。（村本詔司訳）

ユングは、経験的心理学としての立場から偶然の符合という現象も取り上げ、自身の体系のなかに組み込んだ。共時性――これがそのような現象の本質に対してユングの与えた特別な呼称である。因果的な連関はないが、何らかの意味上のつながりが感じられる複数の事象の符合（意味深い偶然の一致）を共時的現象といい、その背後にある原理を共時性ないしは共時律という（Jung, Pauli, 1952）。本書では、以上のようなユングの立場に依拠しながら、共時性が私たちの生や世界に対して有している意義を探求していきたい。

本書の概要

読者の便を考えて、あらかじめ本書の全体像を俯瞰しておこう。第一章では、まずユングによる共時的現象と共時性に対する定義を示す。じつは、そこにはいくつかの不整合や矛盾が含まれている。はじめに具体的な例を参照しながらきちんと整理しておかないと、あとでややこしいことになりかねない。ユング自身が示した、共時性という概念の利点や意義に関する説明も取り上げる。

第二章では、ユングの分析心理学について概説する。これが本書で共時性を詳しく検討していくための土台となる。もっとも、ユング心理学の体系は非常に壮大かつ複雑で、じつのところ、コンパクトにまとめうるような代物ではない。したがって、ここに提示しうるのは、共時性の謎を探求していくのに不可欠な必要最小限の知識にとどまるだろう。

第三章では、先行研究のレビューを行なう。ユングによる共時性の概念の提唱以来、たくさんの研究がなされてきた。むろんユング派の分析家によるものが多いが、物理学者、文学者、哲学者などによる興味深い研究も少なくない。また、ユング以前にも、偶然の一致の不思議を扱った書物は散見されるので、それらにも多少ふれるつもりである。

第四章から第八章にかけては、共時性の深層を探っていく。まず第四章においては、共時性と「今ここ」というあり方との強い結びつきを示す。「今ここ」というあり方を生きる一群の人たちがいて、そのような人たちには共時的現象が起きやすい。さらに、「今ここ」を賦活するセラピー技法もあって、やはり共時的現象とは縁が深い。ここでは、そのような事例をめぐって、共時性の本質の一端を論じることになる。

第五章では、「今ここ」というあり方の心理学的範型としてスサノヲ神話に注目し、その深層に分け入っていく。スサノヲはつねに「今ここ」を生きながら、共時性の原理に従って発作的に活動をはじめる。不意に起きる偶然の符合の背後には、この荒ぶる神の姿が見え隠れしている。くわえて、共時性が示す豊かな創造性も、やはりスサノヲの持つ特質の一つであることを指摘する。

第六章では、共時性と個性化の関係を検討する。個性化とは、生涯にわたる人の心の成長と発達のプロセスの謂いである。心理療法の実施下においても、それ以外の状況下においても、思いがけない共時的現象の発生が根本的な変容の契機となることは多い。ここでは、事例を通して、偶然の共時的現象が個性化にとってはむしろ必然にして不可欠の要素であることを示す。

第七章では、第六章の流れを承けて、共時性にまつわる暴力的な運命としての側面を検討する。共時的現象が運命として受け入れられ、「運命との折衝」というかたちで生に有機的に組み込まれてはじめて、個性化は成就へと近づくことになるだろう。ここでは、共時性に関するユングの共同研究者、ヴォルフガング・パウリWolfgang Pauli（一九〇〇～一九五六年）の生涯を事例として、人の一生というきわめて長いスパンにわたる「運命との折衝」の諸相を見ていきたい（図3）。

図3　W・パウリ（Miller, 2010より）

第八章では、共時性の原理を措定することによって、霊的な領域、さらには超常的な領域への窓が開かれることを示す。心と身体は共時的な関係にあると従来から考えられてきたのだが、じつはそこに霊も加わっているとするのが妥当である。そのことを興味深い一事例を通して示す。共時的現象は心・身・霊を相互に結びつけ、人を全体的な存在たらしめる。

最後に、全体を簡潔にまとめて、本書の締め括りとすることになるだろう。私たちがみずからの心身に霊を取り戻すことは喫緊の課題である。意識の偏りに左右されずにそれを実現するために提唱したいのは、生理的で肯定的な二重見当識を持つことである。それさえ持っていれば、「真正なるイマジネーション」のあるなしが霊のリアリティに関する信ずべき判断基準となりうるにちがいない。

私たちの賢しらな意識による理解では、共時性の本質に手が届かない。いくら理解しようとしても、その瞬間、それは意識の地平の彼方に光速で姿を消してしまう。しかし、手がかりはたしかにある。私たちがみずからの狭量さを自覚していれば、共時的現象はつねに私たちの意識の境界線を拡大しようと試み、その領野の辺境に新たな可能性を力強く付け加えてくれるだろう。

共時性をめぐる私たちの冒険は今はじまる。

共時性の深層——ユング心理学が開く霊性への扉

目次

第四章　「今ここ」にある永遠と無辺《むへん》　73

第五章　共時性の元型的基盤　103

第一章　共時的現象と共時性

共時性の概念にまつわる違和感

意味のある偶然の一致、それをユングは共時性と呼んだ。わかりやすい例としてよくあげられるのは、あの「大きな古時計」の歌詞（保富康午作詞）である。「おおきなのっぽの古時計……」ではじまる歌詞のなかで最も印象的な一節といえば、やはり、「おじいさんの生まれた朝に買ってきた時計さ。いまはもう動かない、その時計」という箇所、あるいは「真夜中にベルがなった、おじいさんの時計。お別れのときがきたのを、みなにおしえたのさ」という箇所だろう。

おじいさんの誕生記念として家にやってきた時計。それはおじいさんと人生の悲喜こもごもをともにし、一〇〇年もの間、傍らでチクタクチクタクと休むことなく時を刻み続けた。そして、おじいさんの鼓動と呼吸が静かに止まって人生の幕が降りた、まさにその瞬間にベルを鳴らすと、その時針もまた止まってしまったのだった。

おじいさんが亡くなった瞬間に、誕生以来、時をともにしてきた時計が止まったとしても、そこに因果関係があるとは考えられない。常識的な考え方のできる人なら、「おじいさんの命が消えた」から「時計の命が消えた」ということも、またその逆のことも、躊躇なく否定するだろう。かくして、おじいさんの他界と時計の停止はたまたま時を同じくして起きたにすぎない、という結論に至ることになる。

しかしながら、私たちのいちばん素朴な心情の部分においてはどうだろう。血縁のある者として実際にそのような場に居合わせたとすれば、とてもただの偶然とは思えないのではなかろうか。二つの事象が無関係ではないような気がして仕方がないのではなかろうか。だからこそ、「大きな古時計」は多くの人の共感を呼び、感動を誘ってきたのだ。そこに感じられる、秘められたつながり。それが琴線にふれるのである。

なるほど、二つの事象の間に因果関係はない。なのに、ただの偶然だと言われると、私たちの胸の奥には釈然としない気持ちが頭をもたげる。因果関係だけが関係なのか。因果関係はないにしても、何か別の種類の関係というものがあるのではないか。そう食いさがりたくなる。なぜなら、そこには、「ただの偶然」で片付けるわけにはいかない意味的なつながりが感じられるからである。

そのような感覚は、非科学的、迷信的、魔術的、前時代的として、たちどころに否定されてしまう。だが、これを非科学的だとする観点、偶然にすぎないとする観点は、じつのところ、因果律至上主義に由来する偏見である可能性がある。諸々の事象の間に意味によるつながりを考えてはいけないのだろうか。偶然と見えるもののなかに価値を見出してはいけないのだろうか。

ユングは、意味のある偶然の一致、偶然の符合に伴っている価値と重要性を捨て去ったり無視したりすることをよしとせず、その背後に因果性とは別の連関の原理があると仮定し、それを共時性ないし共時律と呼んだ。共時性ないし共時律は、因果性と並ぶ、もう一つの連関の原理である（Jung, Pauli, 1952）。

共時性という概念には、はじめのうちはとっつきにくいのではないかと思う。因果関係が諸事象間にありうる唯一の連関だと考えることに慣れきっている頭には、非因果的な連関などと言われても、奇妙きてれつな思いつきとしか感じられないだろう。その違和感はもっともである。これまでの世界観と常識を根底から覆しかねない、きわめてアブナイ概念なのだから。

この世に粗大な物質しか存在しないなら、多くの物理的現象を説明できる因果律を唯一の連関の原理と考えても支障ないかもしれない。けれども、現時点では、心も因果律で説明ずみなどとはお世辞にも言えない。心が絡むと、そこには、意味を介した連関というものが成立する余地が出てくる。心をただの幻と考えるのでないなら、意味を介した連関をも入れ込んだ観点を持つことこそ、真に科学的な態度というべきだろう。深層心理学はそのような高次の科学の一端を担うものであることを自負している。

因果律に従う現象はおそらく、この世に人間が存在していなかったとしても発生していただろうし、結果が新たな原因となって次の結果を生むという連鎖を無限に繰り返していたことだろう。少なくとも、超ミクロ、超マクロなオーダーの現象でないかぎりは。通常のオーダーの現象を扱う古典的な物理学において、観察者の存在が無に等しく現象に何の影響も与えないとされていることは、まさに偶然ではない。

ところが、こと共時性に関しては、まずもって人間がいないことにははじまらない。複数の事象の間に見られる偶然の一致になにがしかの意味深さを感じる人間がそこにいてこそ、あるいはそうした意味深さを感じ取るような人間の意識がそこにあってこそ、共時的な連関は見出される。しかも、次には、意味の発見自体が、それを見出した人間の意識そのものを捕らえて根底から揺さぶることになる。

このことから、共時性はきわめて人間的な原理であると言ってよい。この不可思議な原理の発見者は、スイスの深層心理学者、カール・グスタフ・ユングである。ユングはどうしてこの原理の存在に思い至ったのだろうか。そして、それにどのような定義を与え、いかなる意義を見出したのだろうか。

ユングとパウリの共同作業

ユングが「共時的」という語をはじめて公式に用いたのは一九三〇年。『黄金の華の秘密』(Jung, Wilhelm, 1929)で仕事をともにした盟友、中国学者のリヒャルト・ヴィルヘルムRichard Wilhelm(一八七三〜一九三〇年)の追悼講演(Jung, 1930)においてだった。一方、非公式には、その直前のセミナー『夢分析』(Jung, 1984)で言及したのが最初である。すなわち、一九二八年に共時性と同じ意味合いを持つ「同時性」synchronismについて語り、一九二九年にははっきりと「共時性」synchronicityなる語を使っている。

しかし、そのようにして一九二〇年代末よりほのめかしてはいたものの、共時性という概念を本格的に世に問うたのは、一九五一年の講演(Jung, 1951b)および一九五二年の著書(Jung, Pauli, 1952)においてだった。これはユング七六〜七七歳頃に当たるから、共時性は彼が最晩年に提唱した概念と考えてよい。まとまったかたちになるのに数十年もの長い年月を要したわけである。ただし、「まとまったかたち」とはいっても、この大胆な概念は今もなお一つの仮説にとどまっている。

『自然の解釈と心』(邦訳『自然現象と心の構造』)*Naturerklärung und Psyche*(Jung, Pauli, 1952)。限られた聴衆に対する講演とその記録を別にすれば、これこそ、ユングが蛮勇を振るって共時性の概念を一般向けに唱えた記念すべき書物と言える。ヴォルフガング・パウリとの共著である。パウリはオーストリア生まれの著名な理論物理学者で、「パウリの排他律」の発見などの業績により、すでに一九四五年にノーベル物理学賞を授与されていた。のちほど詳しくふれるが、パウリはさまざまな心理的問題を抱えてユング派の分析を受けており、それがこのふたりの碩学の共同作業の契機となった。

もともとパウリに促されたのがきっかけでユングが書いたとされる、この書の前半部分は、「非因果的連関の原理としての共時性」Synchronizität als ein Prinzip akausaler Zusammenhänge と題されている。そこでユングは、当時話題になっていたデューク大学のジョゼフ・バンクス・ライン Joseph Banks Rhine（一八九五〜一九八〇年）によるＥＳＰ実験をとりあげた。ＥＳＰとは、ご承知のように、extrasensory perception の略で、日本語では「超感覚的知覚」となる。

超感覚的知覚にもいろいろあるが、ラインによる実験は、見えないカードに描かれているマークを実験協力者が言い当てるものだった。言うまでもなく、協力者の透視能力を測定するために行なわれたものである。その結果、協力者の集中力が保たれている間は、そしてまた好意的な雰囲気のなかでトライアルがなされている間は、意味のある偶然の一致が数学的に予測される確率を上回ってくりかえし発生することが明らかとなった。

ユングはこの実験に対する見方を少し変えて、協力者の思いついたマークと実際にカードに描かれているマークとが偶然に一致する程度を測定しているものと見なして、結果を解釈し直した。すなわち、因果論的には機械的に生じる偶然としか考えられていない一致現象に「心」という要因が関与している可能性を確認したのである。

さらにユングは、一八〇組の夫婦の結婚ホロスコープを集め、そこから組合わせの的中率を調べている。占星術を含む多種多様な占いは、ある個人の人生に起きるさまざまなできごとと、偶然に得られた物理的な兆候（星の位置、サイコロの目、コインの裏表、筮竹《ぜいちく》の本数、焼かれた骨の割れ方など）との符合を想定している。つまり、その偶然のなかに人間という小宇宙の状況と大宇宙の状況との一致を見て取るので、ここにも共時性が働いている可能性を探れるというわけである。

ユングは、パウリの弟子だった物理学者の助けを借りて、ホロスコープの組合わせが的中しうる数学的な確率を計算し、実際の結果と比較した。すると、いにしえの占星術は、単なる偶然をはるかに上回る確率で夫婦の相性を言い当てていることがわかった。このときの計算方法には若干の問題があったとも言われるが、数学にめっぽう強かったパウリは後日その指摘を退けている（Miller, 2010）。

以上のような検討の結果をふまえて、ユングは仮説的な共時性の原理を提示した。しかしながら、そもそも共時性は一回性を旨とするものなので、ユングがこうした論証を行なったことはむしろ説得力を弱めてしまっている、との批判がある（Peat, 2014）。また、ユングによる定義には矛盾があるように見える部分があり、混乱を招きやすい。その点についての説明は少し長くなるので次節に譲り、その前に、当該の書の後半の著述を担当したパウリの論を簡単に紹介しておきたい。

パウリは共時性に関しては全面的にユングに任せ、自身は「ケプラーにおける自然科学理論の形成に対する元型的観念の影響」Der Einfluß archetypischer Vorstellungen auf Bildung naturwissenschaftlicher Theorien bei Keplerという論文を寄せ、一七世紀の天文学者ヨハネス・ケプラー Johannes Kepler（一五七一～一六三〇年）が唱えた、それ以前とはまったく異なる近代的な学説に元型的観念が垣間見えることを指摘している。元型についてては第二章で説明するが、ここでは、太古の昔から洋の東西を問わず普遍的に備わっている心の動きのパターンと理解しておいてほしい。

パウリのここでの関心は、自然に対する理解が、あらかじめ心の内に存在していたイメージと外的な対象のふるまいとの符合に根差している、という点にあった。つまり、元型を介した内外の一致である。彼は共時性には直接の注意を向けていないが、これは驚くにはあたらない。なぜなら、正確に言えば、かの書は、書名（『自然の解釈と心』）からもわかるとおり、共時性をめぐっての共同作業ではなく、自然の現象を説明しようとするときに浮かび上がってくる心というものの存在感に関するそれだからである。

　古典的な唯物論の観点からでは扱いきれない量子物理学を専門にしていたパウリは、物理学の観点に心が抜け落ちていることをひどく物足りなく思っていた。物のなかに心を見る――それはいにしえの錬金術師が探求してやまなかった物質観である。パウリはこの書のなかで、ケプラーと錬金術師ロバート・フラッド Robert Fludd（一五七四〜一六三七年）の論争にもふれつつ、天体の物理学の体系のなかに心、つまり元型の影響が入り込んでいることを明らかにしようとした。

　これはいわば、錬金術的な物質観を甦らせようとする試みでもある。パウリは、そのような物質観を二〇世紀の物理学に統合する必要性を感じていた。ケプラーは錬金術師ではなく、むしろ心を排除して錬金術的な観点の偏りを克服しようとしていたのだが、自然に向き合うときに元型の影響を受けているという点では錬金術師と同様であり、錬金術と近代科学の接点にいた。それゆえ、パウリにとって興味深い研究対象だったのである。

　ユングが、錬金術書に見られる不可思議で神秘的な象徴体系に関して、命がけの探求を重ねる錬金術師の心理学的な変容プロセスが物質の化学的な変容プロセスに投影されたものだと看破したことはよく知られている（Jung, 1942, 1944, 1946, 1948, 1954a, 1954b,

1955/1956)。パウリはこの点に共鳴するところがあったのだろう。この書の後半におけるパウリの試みは、前半においてユングが物理的な諸事象の連関のなかに意味、すなわち心の存在を位置づけようとしたこととみごとに呼応している。

パウリの担当部分は共時性を直接的には扱っていないが、ユングの仮説を強力に支えていた。パウリは、ユングの共時性仮説に対してたびたび助言したり、この仮説に関連がありそうな最新の物理学的知見を提供したりした(Meier, ed., 2001, Miller, 2010)。そのような意味では、『自然の解釈と心』(『自然現象と心の構造』)を共時性というテーマをめぐっての両者の共著と見ても差し支えないだろう。

ユングによる共時性の定義と矛盾

共時性、共時的現象という語がいかなるものごとを指すか、だいたいわかってもらえただろうか。輪郭が掴めるよう、ここまでは、とりあえず非常にざっくりとした説明をしてきた。しかし、厳密に言えば、上述のような説明では不充分だろう。じつは、ユングによる共時性の概念にはそれ以上の広がりがあって、ずっと多様な意味合いで用いられているからである。

ユングが共時性の概念をはじめて学術的に発表したのは、先ほども述べたとおり、一九五一年の第二〇回エラノス会議の講演（Jung, 1951b）においてだった。エラノス会議とは、世界中の碩学をスイスのアスコナに集めてたびたび開催された学際的研究会のようなものである。メンバーはそのつど入れ替わっていたが、ユングは常連で、中心的メンバーのひとりだった（図4）。わが国からも、西洋にはじめて本格的に禅を紹介した鈴木大拙、世界的なイスラーム学者だった井筒俊彦らが招かれている。

エラノス会議での「共時性について」と題した講演で、ユングは共時性を三つのカテゴリーに分けて説明した。第一は、ある心的な事象とある物理的な事象が時と場所を同じくして意味深く発生す

図4．エラノス会議でのユング（Jaffé, A., 1977より）

る場合。第二は、ある心的な事象とそれに照応する物理的な事象がほぼ同時にではあるが遠く離れて発生し、その近似的な同時性がのちに明らかになる場合。そして、第三は、ある心的な事象が起き、それに照応する物理的な事象は未来に起きる場合である。ここでは、いずれも心的な事象と物理的な事象の組合わせであることに注目しておいてほしい。

第一のカテゴリーは、当初、最も重きを置かれた基本的なもので、心的な事象と物理的な事象との間に文字どおりの同時性があり、直接的な知覚が関わっている。いちばんわかりやすいし、素直に納得できる。ユングは、あるアナリザンド（被分析者、精神分析を受けている人）に起きたできごとを例としてあげた。共時性の説明をするときには今でもしばしば引き合いに出される、よく知られた例である。

そのアナリザンドは、非常に合理的な頭の固い若い女性だった。あるとき彼女は黄金のスカラベをもらう夢を見た。スカラベというのは、古代エジプトで太陽神の象徴として崇められていた甲虫で、通称はフンコロガシ。動物の糞を球状にしてせっせと転がしていく習性があることから、天空での太陽の運行を司る神と同一視されており、太陽が毎日死んで生まれ変わることの象徴でもあった。

くだんのアナリザンドはユングの前でその夢を報告していた。ちょうどそのとき、窓ガラスを外からコツコツと叩く音が聞こえた。ユングが窓を開け、飛び込んできた虫を捕まえてみると、それはハナムグリ類の甲虫だった。合理性を超えたこの偶然のできごとはアナリザンドに大きな衝撃を与え、彼女の生きていく姿勢を劇的に変えた。いわば、いったん死んで生まれ変わるような、決定的な変容が引き起こされたのである。

第二のカテゴリーにおいては、心的な事象と物理的な事象の間に、第一のそれにおけるほどの厳密な時間的一致は求められない。おおまかな一致でかまわないことになっている。しかも、物理的な事象が別の場所で起きるため、偶然の一致があることはのちに情報が伝わってきてはじめてわかる。要するに、空間的なＥＳＰ（超感覚的知覚）、いわゆる千里眼に近い。ユングは、スウェーデンの著名な異能者、エマヌエル・スウェーデンボリ Emanuel Swedenborg（一六八八〜一七七二年）の例をあげている。

スウェーデンボリは、一七五九年のその日、ストックホルムから二〇〇マイル離れたゴッテンブルグのパーティ会場にいた。そして、不意に、ストックホルムで火が激しく燃え盛っているヴィジョンを見たのだった。午後六時、彼は連れに火事が発生したと話した。そして、午後八時に彼の自宅まであと三軒というところでかろうじて鎮火するまで、刻一刻と変わる大火の状況を二時間にわたって語り続けたという。

数日後、ストックホルムからの使者がゴッテンブルグに来て、スウェーデンボリのヴィジョンが細かいところまで事実とぴったり合うことが明らかになった。このことは信頼できる証言によって確かめられている。昔とちがって、今ならもっと迅速に情報が伝わってきて、偶然の符合があるなら早くにそうとわかるだろうが、ここで重要なのは、五感では直接に知覚できない距離的な隔たりがあるという点である。

第三のカテゴリーにおいては、偶然の一致のあることが未来になってはじめてはっきりする。簡単に言えば、時間的なＥＳＰ、つまり予知と呼ばれる現象に近い。第二のカテゴリーが共時性に関する空間の相対性を示していたのに対して、こちらは時間の相対性を示していることになる。ユングは、ラインのＥＳＰ実験についても、距離的な隔たりが影響を与えないこと、これから出る結果を予想するという先取りも高精度で可能なことから、心にとっての時空の相対性を指摘しており、共時的現象の分類についてもこの線に沿ってなされていると思ってよい。因果律は時間と空間の絶対性を基盤としているので、時空の相対化は因果律の相対化につながる。

ユングは、第三のカテゴリーの例として、学生時代の友人のエピソードをあげている。友人は、卒業試験に合格したらという条件で、父親からスペイン旅行を約束してもらっていた。それから、彼はスペインの夢を見た。その後、首尾よく試験に合格した彼がはじめてのスペインで見たものは、広場、通り、聖堂から、黄灰色の馬が引くカレッシュ（二頭立ての四輪馬車）まで、夢で見たとおりだった。

以上、いずれも不思議な実例ばかりである。たしかに、因果律で説明できない心的事象と物理的事象の一致という点で共通しているように感じられる。ただし、第三のカテゴリーについては、第一、第二のカテゴリーとちがって、同時性という要素がまったくない。ユングは、それゆえに同時性ではなく共時性と名づけたと述べている。

ユングによる矛盾克服の試み

共時性は同時性とはちがう。とはいえ、「時を同じくして」ではないまでも、最低限、なにがしかの意味で「時を共に」していなければならないのではなかろうか。同時性は、ドイツ語ではSynchronismus、英語ならsynchronismである。一方、共時性は、それぞれSynchronizität、synchronicityとなる。syn-は「共に」の意、chronosは「時」を表す。したがって、いくら同時性とは異なる語を作り出したといっても、その新語が二つの事象の発生時刻の懸け離れているカテゴリーを含むことは混乱を招く。

もちろん、ユング自身もその矛盾には気づいていた。そのため、一九五二年の著書（Jung, Pauli, 1952）ではそれを解決しようと試みている。少しややこしい話になるが、だいじなところなので押さえておこう。ユングの出した答えは次のようなものだった。「共時的な諸事象は、二つの異なる心的状態の同時的生起を基盤としている。そのうちの一方は、通常の、予想がつく状態（すなわち、因果的に説明のつくそれ）であり、他方は、決定的な経験となるもので、前者から因果的に生じてくることのありえない状態である」。

では、第一のカテゴリーに属する、スカラベの夢の事例ではどうなるか。一方には、面接室で報告中の甲虫の夢のメッセージを分析によって意識化し理解しつつあるという、通常の心的状態がある。他方には、夢のその甲虫が今まさに目の前に現れたと感じる、通常の心的状態からは因果的に起こりえない心的状態がある。そうした種類の異なる二つの心的状態がそこで同時に生起している。それを基盤として一致が認識される。

第二のカテゴリーに関してはどうだろう。そこにはまず、ゴッテンブルグでのパーティに臨んでいることに伴う心的状態がある。これは、旅先での心持ちや社交上の気配りなど、そのときの現実的状況に似つかわしい普通の心的状態である。ところが、そこで不意に、ストックホルムの大火のヴィジョンが経験される。こちらの心的状態の発生は、パーティの状況から因果的に説明できない。事実との一致が判明するのはのちのことである。しかし、このとき、虫の報せを感じ取る心的状態が非因果的に生起していた。

さて、第三のカテゴリーにおいては時間差が問題になるわけだが、ユングによれば、やはりそこでも二重の心的状態が生起している。というのは、未来に起きることになる事象であっても、先取りされたそれのイメージが現時点において内的にすでに存在していて経験されているからである。それが事実となって一致が認識されるのはかなりのちのことであるとしても、本質的には第二のカテゴリーと大きく変わるところはない。それゆえ、そこでも、因果的に説明のつく心的状態と説明のつかない心的状態とが同時に生起していると考えられる。

一九五二年の著書のなかで、ユングはこのようなことを述べているのだが、お世辞にも明解な説明にはなっていなかった。そこで、このドイツ語版から三年後（一九五五年）に英訳版が出る運びとなったとき、ユングは最後の箇所に「要約」として数ページ分の加筆を行ない、共時性という語をより明瞭に定義し直そうと試みたのだった。

その「要約」によると、共時性とは「時間のなかでの意味深い偶然の一致の発生」を指すということになっており、それに続けて、やはり今までに述べてきた三つのカテゴリーに相当するものが記されている。「より明瞭に定義し直」してあるわけだが、ここでそのまま紹介するにはいくぶん難解で、訳しにくい英語である。そこで、文意を汲んでわかりやすく言い換えてみると、結局のところ、だいたい以下のようになると思う。

①　ある心的な内容、およびそれと照応するある客観的プロセス。両者が偶然に一致する。
両者が同時に生起したことがその場で知覚される。

② ある幻（夢やヴィジョン）を伴う心的状態が、遠く離れたところでそれとほぼ同時に起きたある客観的事象と偶然に一致していた、とのちにわかる。

③ 上記②と似ているが、そうと知覚される事象は未来に起きるのであり、現時点においてはそれと照応する幻（夢やヴィジョン）によって示されているだけである。

一九五一年の説明と大差ないようにも見えるが、これは、共時的現象があくまでも二重の心的状態ないし心的事象の同時生起を基盤とするということを前提として述べられている。その点に注意されたい。そうした前提に立ったうえで、時間の幅を容認することはいっそう端的に明言されている。あらためてなされたこの要約からもわかるとおり、共時性の定義は、一九五一年から一九五二年、および一九五五年にかけて大きく変化した。

共時性は、はじめは、ある心的な事象とある物理的な事象との間に見られる意味深い偶然の一致を指していた。しかし、のちには、相対化された空間や時間において生じる一致も取り込むべく、事象や認識の同時生起より、二つの異なる心的状態ないしは心的事象の同時生起が基本的な要件とされるようになり、物理的、客観的事象は大幅に重要性を減じた。

ちなみにパウリは、共時性の第一の要因は意味的なつながりであって、時間的な一致は第二の要因と見るべきである、という見解を示している（Peat, 1987）。そうであるなら、この原理は、「共意性」とでも名づけるほうがよかったのかもしれない。ただ、一方で、時間のずれがあるのにあえて共時性と呼ぶことに深い含蓄がある気もしないではない。絶対的な時間軸を拠りどころにしているのは因果性のほうだし、相対論的な立場から見れば、時間は伸縮自在で逆行さえするのだから。

試みの行方

ユングによる矛盾克服の努力は、はたして成功したと言えるのだろうか。ロデリック・メインはいくつかの問題点を指摘している（Main, 1997, 2007）。たとえば、二つの心的事象の関係性が非因果的であることは述べられているが、そこにとどまっており、二つ目の心的事象と物理的事象の関係性について明言されていない。あるいはまた、二つの心的事象の関係性が非因果的であることは、両方とも内的なものであるがゆえに実質的には明証できない、等々である。

まさにそのとおり。とはいえ、当時、ユングはすでに最晩年。一九五五年といえば、あとわずか六年ほどの生しか残されていなかった計算になる。そして、その貴重な残り時間は、畢生の大著、『結合の神秘』（Jung, 1955/1956）のための研究と執筆に費やさざるをえなかった。共時性への挑戦が中途で終わったのはやむをえまい。前節で複雑怪奇な定義の変遷をしつこく追ったのは、じつは整合性のある最終的な定義がなされていないからこそのことだった。

たしかに定義は不充分なものだった。けれども、この途方もない問題を提起したユングの功績に対しては、いくら賞讃しても足りないと思う。なにしろ、ＥＳＰや占いなど、常識ある科学者ならけっして正面から取り組もうとしない、神秘的な領域に関する研究である。ユングにしても、晩年にならなければ、それまでに得てきた名誉をかなぐり捨てる気にはなれなかったのだ。

実際、共時性の研究は多方面からいかがわしいと批判された。しかし、心のリアリティを真摯に見つめようと思うなら、共時的現象にまつわる諸問題を避けて通ることはできない。その種の現象はまちがいなく存在する。それが「いかがわしい」とされるのは、一つには、かつて魔術的な観念や迷信のなかで取り扱われていたからである。そこには魔術的な因果論があった、とユングは指摘している（Jung, Pauli, 1952)。いかがわしいのは、そうした魔術的因果論のほうであって、この種の現象そのものではない。

太古の時代からつい最近まで、人間は、意味深い偶然の一致にまつわる現象を、意図的に引き起こし操ろうと目論んできた。譬えて言うなら、誰かが亡くなったとき偶然に時計が止まったのを捉えて、時計を止めることで誰かを亡きものにできる、時計を再び動かすことで死者を呼び戻せる、などといった偽りの因果論に置き換えて、まことしやかな理屈や儀式を編み出してきたのである。

いや、「つい最近まで」というのは正しくない。あからさまに表に出ることが少なくなっただけで、この観念は、実際には今も立派に生きながらえている。自分や家族の深刻なことがらに関わる共時的現象を経験すると、科学者も含めておそらくほとんどの人が、魔術的因果論にもとづく空想を一度はしてしまうのではないかと思う。たとえすぐに我に返って否定するとしても、である。だから、科学者もこの問題には容易に近づけない。

人類の歴史のなかで、長い間、そのような誤った観念のなかに投影され続けるしかなかった、諸事象間の非因果的な連関。二〇世紀の半ば、それを新たな角度から誠実に意識化して共時性なる名を与え、魔術的な因果論に堕することのないようはっきりと警告を発しながら、科学の世界で無視され否定されてきた現象をありのままに把握しようと努めた勇敢な科学者こそ、ユングその人だった。

ユングによれば、魔術的因果論にも価値がある。魔術的因果論は、共時性という高度な連関の概念を知性が理解できるようになるまで、人間にその種の経験をずっとたいせつにさせる重要な原動力となってきた。いまだ太古的で未分化な世界に投影された低次の姿の共時性の原理、それが魔術的因果論である（Jung, Pauli, 1952）。無意識的な色彩の濃い魔術的因果論を退けて投影を引き戻す努力は不可欠だが、共時性の概念まで蔑《ないがし》ろにしてはいけない。魔術的因果論を共時性へとバージョンアップしていく必要がある。

ユングによる定義が完全でないとしても、私たちは、そこで示された三つのカテゴリーをもとに共時性の検討をしていくことができる。この貴重な遺産を継承し発展させることによって、人間の内的および外的な世界の根本的な仕組み、心や身体や物の間の隠されている関係性を見出していくよう努めること。それこそが、因果律の圧倒的優位によって目を曇らされている私たちにユングが与えた宿題なのだと思う。

共時性は非因果的な連関の原理である。仮にも原理である以上、そのようである理由を問うことはできない。となると、どこから切り込めばよいのか。注目すべきは、目的性ということである。ユングは、心の治療に際して、症状の因果性よりも目的性を重視した。つまり、過去に遡って原因を突きとめ、それをコントロールすることによって、結果である症状の解消を図るのではなく、その症状が将来的に現状をどう変えることを目指しているかを見出し、その目的を成就させることにより症状の存在意義を失わせ、問題を解決しようとする。

ユング心理学の根本は目的を明らかにすることにある、と言っても過言ではない。目的論とても見た目を変えた因果論にすぎないと主張する向きもあるだろうが、臨床経験は両者の間に厳然としたちがいがあることを教える。原因がはっきりしない心の問題は少なくない。しかし、そのような場合でも、目的を明らかにして、その実現に手を貸すことはできる。だからこそ、ユングは目的性にこだわった。

過去に拘泥するのではなく、未来に目を向ける――非因果的な連関の原理を探求するには、そうした姿勢が不可欠である。ここでは、この立場を確認し共有しておきたい。そのうえで、次章以降、本書理解の基礎となるユング心理学のエッセンスの紹介、ついで共時性に関するユング以後の知見のレビューへと進み、その後、いくつか私自身の観点を述べようと思っている。

第二章　ユングの深層心理学

ユング心理学の基本的な考え方

本章では、ユングの深層心理学のエッセンスを紹介するが、なにしろ膨大な体系である。この限られた紙幅では、残念ながら、本書の内容を理解してもらうために必要な部分をつまみ食い的に説明することしかできない。常識的に見れば怪しげなところに偏った解説になるが、あくまでもそういった特殊な条件下でのものであることを覚えておいてほしい。

ユング心理学の最大の特徴は、ひとりひとりの心を扱う実践的な学問であり技術であるにもかかわらず、個人と超個人的なものとの隠されたつながりを重視することにある。ユング心理学では、人の心あるいは心身の生涯にわたる成長のプロセスを個性化と呼び、この呼称からもわかるように個としてのあり方の確立を目標としているが、そのためには個が超個人的なものとどう折り合いをつけていくかが問われると考える。

個なのに超個人的……。パラドックスのように聞こえるかもしれない。個としての存在に超個人的なものが必要なのは、超個人的なものが普遍的な知恵を内蔵しており、個がそうした知恵のなかに生の指針や意味づけを見出すことができるからである。そのため、超個人的なものとの間で風通しがよいことが、個としてのあり方の確立を目指すにあたっての重要な条件になる。

ひ弱な個は超個人的なものを恐れる。自分の脆い土台が消し去られてしまいかねないと思う。しかし、それでも、自分を見失うことなしに超個人的なものと向き合える柔軟さや堅固さを身につけていかなければならない。そうであってこそ、自分にないものがそこにあるのを正確に見定めて、必要なら取り入れ不要なら拒むということができるのだ。

ユング心理学では、この超個人的なものを集合的無意識といい、その内容を元型と呼ぶ。人の心は、大雑把に分けると、意識と無意識とから成っている。さらに、無意識は、個人的無意識と集合的無意識に分けられる。つまり、心は、意識、個人的無意識、集合的無意識の三層構造をなしていることになる。この三層のうち、意識と個人的無意識は、その人の生の経験から形成されてきたもので、その人に固有な内容を持つ部分である。

意識の内容がひとりひとり異なっていることについては説明不要だろう。その下に存在する無意識の比較的浅い層である個人的無意識は、意識と密接につながっていて、個人の経験したあれこれのうち、忘れ去られたもの、不都合ゆえに抑圧されたもの、淡い印象しかなかったものなどが溜まってできあがる。

さらにその下にあるのが、ほかならぬ集合的無意識である。集合的無意識の内容は個人の経験とはまったく関係がない。誰もがはじめから持って生まれてくる、万人に共通のものである。心全体から見ると、意識と個人的無意識が表面を覆う薄皮のようなものにすぎないのに対して、集合的無意識はその下にある実質として心の大部分を占めている。あるいは、氷山になぞらえて、いわゆる氷山の一角が意識、水面下のごく薄い氷の層が個人的無意識で、それ以下の氷塊のほとんどが集合的無意識に相当すると考えてもよい。

無意識というものがあることを仮定する深層心理学のなかでも、集合的無意識のような超個人的領域の存在を想定しているのは、ユングの心理学体系だけである。フロイトの体系、すなわち狭義の精神分析は、意識と個人的無意識の部分しか扱わない。そのため、個人の心のなかでの現象やプロセスが注目されることになる。

これに対してユング心理学では、心の大部分を占める集合的無意識の特質、集合的無意識と意識との間で起きるインタラクション、それによって意識に生じる変容といった点に注意が向けられてきた。この体系から開けてくる視野は、集合的無意識が超個人的なものであるだけに驚くべき広がりを持っており、人類の歴史、文化、信仰などの基層へとつながっている。

さて、いずれにしても重要なのは、意識と無意識の関係性である。意識の機能的な中心を自我と呼ぶ。要するに、「私」である。一方、無意識の中心、ないし心全体の中心はセルフである。セルフは、心全体の統合を司る、自我にはない超越的な力を有している。自我はもともと、現実の外界におけるセルフの出先機関であり、権限を委任されてその働きを代行する存在にすぎない。

しかし、自我は、どうしてもお山の大将になりがちである。心の問題のほとんどは、自我（意識）と無意識の反目から生じてくる。しかし、両者が乖離していては、心が一つの全体として機能しえず、効率が悪くなるし、難局に臨機応変に対処する力も発揮できない。だから、ユング心理学では、心の全体性の実現を重視する。非常に困難なことではあるが、それが、生涯にわたる心の成長のプロセス、つまり個性化の最終的な目的になる。

ユング派の分析においては、無意識由来のイメージである夢やイマジネーションを利用することが多い。無意識はつねに意識に対してメッセージを発し続けているからである。アナリザンドの夢やイマジネーションの象徴解釈を行なえば、そこにあるメッセージを読み取ることができる。一連のイメージの展開を追い、そこから得られた洞察を現実の生のなかに組み込んでいけば、意識と無意識の間の溝は徐々に埋まる。

意識との間に乖離があるほど、無意識からのメッセージは顕著になる。この乖離は、意識

（自我）による考え方の偏りゆえに発生するのが常である。意識が狭量だと、自我中心の生き方になり、無意識が必要としている内なる生が阻害されてしまう。そこで、無意識はさかんにメッセージを発して、状況を改善しようとするわけである。

意識の偏りは必然的に発生する。意識は、シャープな評価や判断を行なうという役目をはたすために、ものごとを二律背反的に考えるようとするからである。白か黒か、善か悪か、上か下か、美か醜か……。片方の面は切り捨てるからこそ、どっちつかずではない意見が持てるのだ。けれども、無意識は意識の従属物ではない。無意識にも自分の意志や考えがある。つまり、自律性がある。無意識は、夢やイマジネーションを通して、さもなくばもめごとや諸々の症状によって、意識の目を内界に向けさせて自分の要求を伝える。

無意識は、切り捨ててしまった半面を思い出せ、と意識に迫る。意識の盲点を突いてくる。意識にとっては苦痛なことである。しかし、心の全体性の実現にはそれが欠かせない。たしかに、しばしば喧伝されるように、無意識が抑圧された危険な欲望を秘めていて、心の奥底の真実を歪曲してあらわにするという面もないことはない。しかし、それとても、全体性の実現に資する場合に限ってのことである。以下に説明するように、無意識は基本的に前向きで、意識にはない知恵を有しており、成長への変容をもたらす力を秘めている。

集合的無意識と元型

夢やイマジネーションを通して心に向き合っていると、超個人的なイメージが頻繁に姿を見せる。神話的なモチーフを彷彿とさせることからそうとわかるのだが、視野を広げてみると、神話のみならず、おとぎ話、宗教儀礼、民俗儀礼などに見られるモチーフにもつながっていることが感じられる。そのようなイメージは、当該の神話やおとぎ話を夢見手がまったく知らなくても現れる。

長い時をかけ人口に膾炙してきた物語や儀礼のモチーフには、集合的無意識の心性が反映されている。そのモチーフが「集合的」だというのは、誰もが遭遇する典型的な葛藤状況、共通して経験する心情や行動が含まれているからである。そして、そこに見られる展開は、解決不能に見える葛藤状況を意識には思いもつかない考え方と方法で打開する、という点でまさに「無意識」的なものである。たとえば、呪いで蛙に変えられたかわいそうな王子さまを力いっぱい壁に叩きつけて救ってあげよう、などと意識が思いつくだろうか。

集合的無意識の内容を元型と呼ぶ。集合的無意識のなかには、多種多様な元型が詰まっている。諸元型の活動から、さまざまな神話的モチーフを含むイメージが意識へと浮かび上がってくるのだ。元型とは、超個人的な、ということはつまり時代や場所や民族のちがいに関係なく、人間の心の動きが示す不変の典型的パターンを指す。だからこそ、古くから多くの人によって伝えられてきた神話、おとぎ話、各種儀礼に姿を見せるのである。

ユングが元型という着想を得たのは、ある入院患者の妄想を聞いたのがきっかけだった(Jung, 1912/1952)。その精神病患者は、あるとき風変わりな妄想を語った。太陽から管状の性器が垂れていて、そこから風が吹いてくる、というのである。それから数年後、ユングは、少し前に発見された古代の祈祷書の内容が新刊書のなかに紹介されているのを見て非常に驚いた。長らく入院している例の患者がその祈祷書を知っているはずはないのに、彼の妄想と祈祷文の内容が酷似していたのである。

時代も場所も遠く隔たったところで生み出されたイメージに一致が見られることは珍しくない。たとえば、わが国の神話には、イザナギが亡き妻を冥界から連れ戻そうとしたものの禁を破って姿を見てしまったがために奪還に失敗する、という話がある。ところが、ギリシア神話にも似た話があり、オルペウスが亡き妻を冥界から連れ戻そうとするのだが、途中で約束を忘れて姿を見てしまい目論見が頓挫するのである。

一方が他方に伝播したという可能性も否定できないが、同じ人間なのだから、心のなかにおのずと湧き上がってくるイメージは古今東西そう変わらない、と考えてもさほど不自然ではあるまい。そのような類似したイメージをいたるところで同時多発的ないし異時多発的に生み出し続けているのが、人類に普遍的な集合的無意識であり諸元型である。そのように考えれば、古代の祈祷書と現代人の妄想の内容が一致することに不思議はない。

夢やイマジネーションに出てくるイメージは、必ずしも集合的無意識に由来するものではないし、元型的モチーフが含まれているともかぎらない。個人的無意識からのイメージも多いからである。それでも、毎週アナリザンドに会って夢の報告を聞くユング派の分析において、一回分の夢にまったく元型的モチーフが見当たらないことはむしろ珍しい。

ただし、深い集合的無意識由来の元型的な夢でも、浅い層である個人的無意識を通過して意識に届くことになるため、その表面は夢見手の個人的要素でコーティングされている。それゆえ、イザナギやオルペウスがそのまま夢に登場するのは稀である。イザナギ的、オルペウス的なキャラクターであっても、なにがしか個人的な尾鰭《おひれ》がくっついている。

夢やイマジネーションの象徴にさりげなく編み込まれている元型的モチーフを見抜くことは非常に重要である。見抜くためには、世界各地の神話やおとぎ話、宗教的観念、民俗的慣習に通じていなければならない。それらのなかに類似のモチーフを博捜して、夢やイマジネーションに出てきたイメージの元型的意味合いを突きとめる作業を拡充と呼ぶ。ユング派独自のイメージ解釈技法の一つである。

集合的無意識の起源は古い。それは、かつて世界各地の神話や宗教を生み出したばかりでなく、今も私たちの内界で機能している。換言するなら、個人の心のなかには、太古の神話や宗教と同じくらい歳経た部分、齢《よわい》何千歳にもなる部分がある。いや、「部分がある」どころか、実際にはそれが大部分を占めている。心の発生と発達の歴史を考えれば、意識は、つい最近生まれた新参者にすぎない。

集合的無意識の最大の特徴の一つは、誰のなかにも同一の内容で入っていることである。つまり、個人を指し示す刻印はまったくない。「私の個人的無意識」はあっても、「私の集合的無意識」は存在しない。敷衍するなら、集合的無意識というものはただ一つしかないとも言える。ユングはそれを根茎に譬えている。竹藪の竹はそれぞれが別の個体であるかに見えるが、地中では相互につながっていて、竹藪全体が一つの個体だったりする。私たち人類は、巨大なたった一つの集合的無意識から生い出て、複雑な網の目で相互につながっている存在かもしれない。

活性化された元型と類心的な元型

代表的な元型には名前がついている。グレート・マザー、グレート・ファーザー、影《シャドウ》、アニマ、アニムス、永遠の少年《プエル・エテルヌス》、老賢者、トリックスター、セルフ、等々。ただし、これらは無数にある元型のほんの一部にすぎない。そして、これら元型には姿かたちがない。元型的イメージなら、夢やイマジネーションのなかにしょっちゅう登場する。しかしながら、元型そのものを直接に見たり聞いたりすることはできない。元型とはあくまでもパターン、すなわち範型にほかならないからである。つまり、さまざまな典型的イメージがそのまわりで形成される結晶軸のようなものだと言えばよいだろうか。

　ユングは、元型という概念のルーツの一つとして、プラトンのイデアをあげている（Jung, Pauli, 1952）。たとえば、世の中にはさまざまな椅子がある。脚の数はいろいろで、背もたれはあったりなかったりする。材質や色合いや大きさも多種多様。ならば、椅子とはいかなるものか。世界中のすべての椅子のかたちに共通の特徴はないのではなかろうか。にもかかわらず、たいてい、それが椅子であるかないかの判断はつく。それは椅子のイデアがあるからにほかならない。椅子のイデアとは、椅子というものの観念、つまり「椅子なるもの」のことである。

　椅子のイデア、「椅子なるもの」は実在せず、見ることも触ることもできない。個々の椅子に触れることはできても、「椅子なるもの」に触ったことのある人はいない。ちなみに、プラトンのいうイデアが基本的に物に関して想定されるものであるのに対して、ユングのいう元型は主として心的なものごとに関して想定されている。もっとも、あとで述べるように、元型には物質に関わる側面もあるのだが。

意識（自我）と諸元型との関係は、ひとりの人間と神々とのそれのようなものである。神々を直接に見たり触ったりすることはふつうできないと思うが、その何らかの現れを感じ取ったことのある人は少なからずいるだろう。諸元型は、自我のように現実の時空に縛られてはいない。それゆえ、自我から見れば、それらは神々と同じく超越的な力を有している。神々のイメージには元型の力が投影されていると考えることもできる。

諸元型はすべてが同程度に活動しているわけではない。一部の元型がいろいろな事情により活性化されて働いている。あるいは、その動きが意識の側で感じ取れるほど活性化されている元型はそれほど多くない、と言ってもよい。元型が活性化されると、その元型に由来する元型的イメージがにわかに活発に動きはじめる。それだけではない。元型は特有のエネルギーを有しているので、さまざまな情動として顕在化するヌミノーズム的な作用を及ぼす。

ヌミノーズムとは、ほんものの宗教体験における畏怖を伴う核心部分のことで、その人の生に深い確固たる意味をもたらす（Otto, 1917）。その人の考え方、感じ方、行動の仕方などは、すべてその元型の強い影響力の下に置かれることになる。だから、元型の活性化が激烈なら、自我はなす術をもたず、完全にコントロールを失う。精神病的混乱が引き起こされることもある。

しかし、多くの場合、元型は肯定的な大いなる駆動力として機能する。活性化が極端なものでなければ、人の心はその超越的な働きのおかげで救われ癒され変容することができる。こうした救いや癒しの働きは、元型の両面性に支えられている。どの元型にも、対立し合う両面が含まれているのだ。たとえば、大母神的なイメージとして経験されるグレート・マザー元型は、みずからの生み出したものを養い育む肯定的な側面とともに、生み出したものを呑み込んで再び無に返す恐ろしい側面も併せ持っている。

ふつうなら対立し合う諸側面を、両立させる力。心を引き裂くような矛盾や葛藤に架橋する力。元型には、そのような、超越機能と呼ばれる驚くべき力がある。たとえば、生い立ちのなかで母親の恐ろしい側面しか経験したことのないアナリザンドでも、グレート・マザー元型が効果的に活性化されれば、慈母のイメージを内界に見出すこともできるようになるのである。

ところで、ユングによれば、心の深みに降りていくと、ついには心理的とも生理的ともつかない領域に達する。ここでの「生理的」は、「身体的」「物理的」「本能的」と言い換えてもよい。つまり、集合的無意識の最深層に至ると、心が身体と表裏一体になる一線、心が物質と境を接する一線がある。そこは知覚不能、表象不能であり、もはや心ではない。心のようであるとしか言えないため、ユングはそれを類心的無意識と呼んだ（Jung, 1954c）。

集合的無意識を最深層で類心的ならしめているのは、その構成要素である元型そのものの持つ特性としか考えられない。別の言い方をするなら、元型には心的な側面と身体的、物質的側面とがあることになる。元型のこうした両極性を、ユングは光のスペクトルに譬えている。生理的、本能的な極を赤外線領域とし、霊的、精神的、イメージ的な極を紫外線領域として、その両極を含むとするのである（Jung, 1954c）。

それゆえ、元型的なものごとは、心理学的な側からも生理学的、物理学的な側からも経験されうる。ときには、両方の側から同時に経験されることにもなる。アナリザンドの夢やイマジネーションにおける元型の働きに注目していると、その活動の与える衝撃が、一方では強い情動を伴う生理的変化や衝動的な行動を引き起こし、他方では霊感をもたらしたり戦慄や畏怖を伴う啓示を与えたりすることがわかる。諸元型はまさに赤外線領域から紫外線領域までを包摂しており、類心的である。

共時性について、ユングが、ある心的な事象とそれに照応する物理的な事象の意味深い一致と説明したことをここで思い出してほしい。類心的な元型という概念が共時性の仮説と密接に関連していることがわかるだろう。ある活性化された元型の働きが、一方では心的な事象のなかに現れ、同時に他方では物理的な事象のなかにも現れる。私たちは、見えないその元型の働きを、両事象に共通の意味として感じ取るわけである。

個性化とアクティヴ・イマジネーション

ユング派では、夢分析を行なうことが多い。夢分析においては、アナリザンドの報告する夢のイメージを読み解いていく。つまり、イメージの象徴的意味を意識化する作業をする。夢分析は非常に有効な方法だが、それ以上に個性化に寄与しうる技法としてアクティヴ・イマジネーションと呼ばれるものもある。あとで述べるように、アクティヴ・イマジネーションは共時的現象と非常に深いつながりがあるので、ここでごく簡単にふれておく。詳細については成書を参照されたい（Hannah, 1981, Johnson, 1986, Jung, 1916, 1997, 2010, 老松, 2000, 2004a, 2004b, 2004c, 2011, Spiegelman, 河合, 1994）。

この技法は、全体性を実現するためのユング派最強のツールと言われている（Franz, 1981）。夢では、エネルギー水準の下がった睡眠中の意識（自我）が無意識由来のイメージと出会い、目覚めたのちにそのメッセージを理解していくが、アクティヴ・イマジネーションにおいては、覚醒中の明晰な意識状態の自我が、想像のなかにおのずから現れてくる無意識的イメージと直接のやりとりを行なう（図5）。

全体性の実現には自我の偏りの修正が不可欠で、自我はそのために無意識が仕掛けてくる内的な補償の試みを受け入れなければならない。しかし、自我には、現実の難しい状況を乗

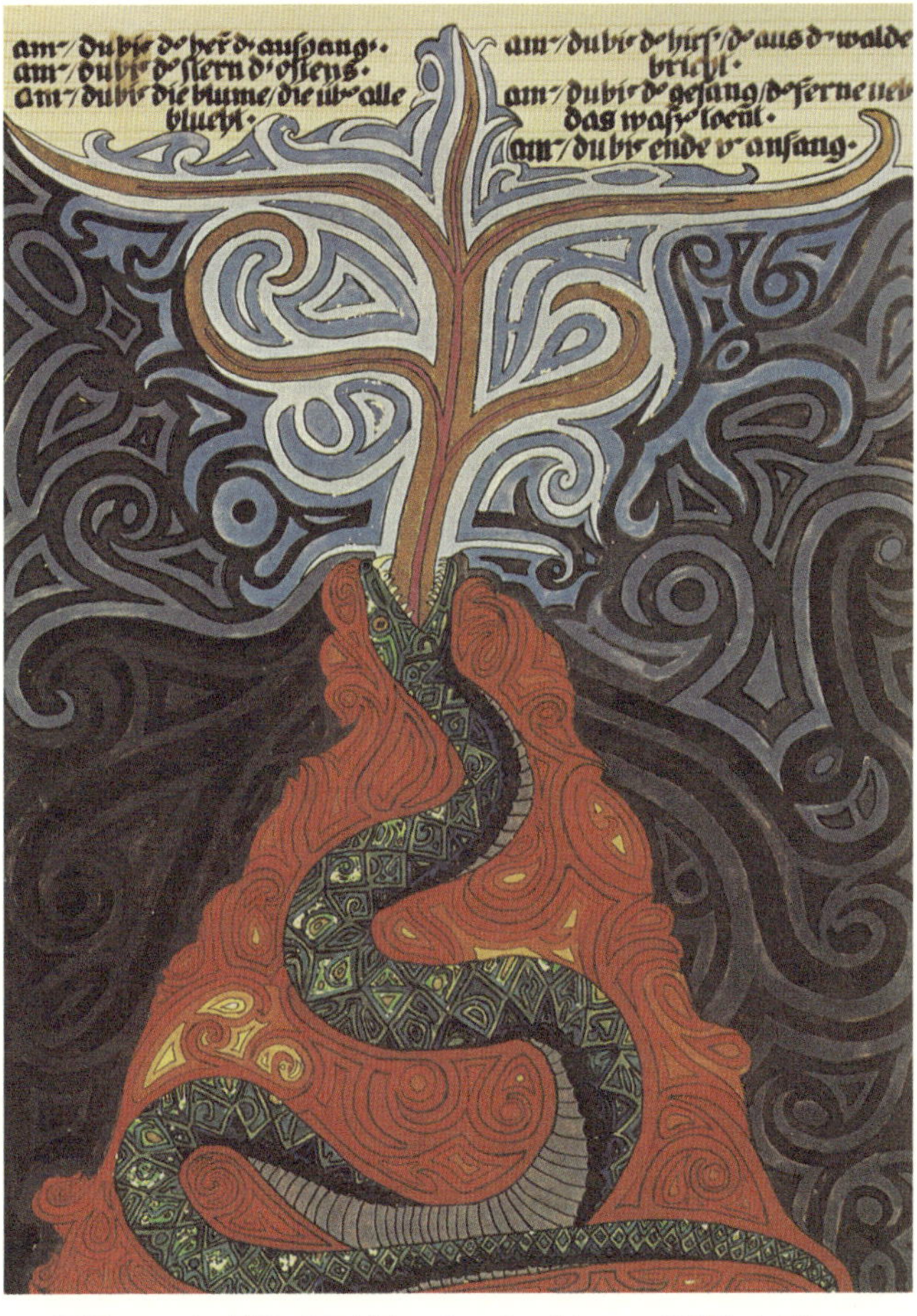

図5.　ユングのイマジネーション（Jung, 2010 より）
ユングは自身のアクティヴ・イマジネーションを
文章と絵で記録し『赤の書』としてまとめた。

りきっていく役割があるので、何でも受け入れるというわけにはいかない。そこで、無意識を相手に「折衝」を行なう必要が出てくる。つまり、受け入れ可能な要求は受け入れ、そうではない要求には無理だと伝えて交換条件を出すなどの駆け引きをする。

アクティヴ・イマジネーションとは、イメージを介した意識と無意識とのやりとりから紡ぎ出される物語を経験していく方法である。通常は、アナリザンド（この場合は、イマジネーションを行なう人という意味で「イマジナー」と呼ぶこともある）がひとり自宅で試み、その記録を分析家のもとに持っていく。分析家は傾聴に努めることが多いが、ときにイマジナーの盲点や取組み方に関してコメントし、意識と無意識の和解を助ける。

この方法においては、たとえばお気に入りの風景の絵や写真などを出発点として、そこからイマジネーションをはじめる。その風景のなかに物語の主人公である自分もいると想像し、心のなかでじっと周囲を眺めていると、ほどなく何らかの動きが生ずるはずである。雨が降ってくるとか、一陣の風が吹くとか、遠くから誰かが近づいてくるとか……。自分で動きを拵《こしら》えるのではない。向こうから勝手に動きが起こってくるのを待つのである。その動きは無意識に由来するものと考えられる。

そこには、無意識から意識へ向けて発せられたメッセージが込められている。誰かが近づいてくるとすれば、無意識は、主人公である「私」（自我）との対話を求めているのかもしれない。ただし、無意識との対話は、必ずしも人間を相手に行なうわけではないし、言葉を介して行なうともかぎらない。急に雨が降ってきたとすれば、その雨は無意識が降らしているのだから、その雨に対して「私」がどう対処するかということも立派な対話になる。雨宿りできる場所を探すのか、傘がないので上着を頭からかぶるのか、童心に帰って雨に濡れて歩くのを楽しむのか……。

この複数の候補のなかから一つを選択する。それが無意識からのメッセージに対する自我（意識）の応答となる。すると、次には、「私」の発した答えに再び無意識の側が反応する。たとえば、雨を避けようと急いで大きな木の下に入ったら、そこには同じく雨宿りをしにきた先客がいた、といった具合に。この先客の存在が無意識からの反応にあたる。しかし、困ったことに、ふたりいっしょに雨宿りできるほどのスペースはない。さあ、どうするか。思案のしどころである。

このようにして、自我と無意識の間で折衝がなされていく。自我は、無意識からの要求をどこまでなら受け入れ可能か、真剣に検討する。そして、それを提案して無意識の反応を見定め、場合によってはさらに譲れるところは譲って修正案を出す。このやりとりを続けて、両者が妥協しうる落としどころを見出せたら、自我の盲点や偏りはいかほどか軽減されているはずである。そこに、ある程度、我慢や痛みが伴うのはいたしかたない。

たいせつなのは、自我が折衝に伴う責任を放棄しないことである。そのときどきの状況において充分に思案し、みずからのなすことを選択する。しっかり意識しながらそう決めた以上は、その後の成り行きから逃げてはならない。意識的に選択し、成り行きに責任を負う姿勢。私はこれを「自我のアクティヴな態度」と呼んでいる（老松，2004a）。アクティヴ・イマジネーションの要諦である。

自我の盲点や偏りが修正されないといけないのは、もちろん一つには、この世の現実における人間関係上の諸問題や心の病気の諸症状を解消するために必要だからである。しかし、それだけではない。もっと重要な理由がある。その修正が個性化のプロセスの進展に直結しているからなのである。個人的な歪みが補償されて意識（自我）と無意識とが共存できるようになっていくなかで、心の全体性という超個人的なリアリティへの扉が開かれる。

ここで考えておかないといけないのは、はたしてリアリティとは何かということである。ふつうは、自我をとりまく外界、つまり日常の物質的世界がリアリティであることになっている。それはもちろん私たちが生きていくうえで重要なのだが、ある意味では相対的なものにすぎない。人それぞれにその内容がまちまちだからである。むしろ、誰のものでもない、万人に共通の集合的無意識の世界こそが唯一のリアリティかもしれない。

最前も述べたように、アクティヴ・イマジネーションは、全体性を実現するための最強のツールとされている。なんとなれば、自我がこれほど直接的に無意識と対峙し、折衝を行なうことのできる方法は、他に類を見ないからである。そこには、元型的イメージがおしげもなく姿を現す。ユングは言う。純粋なイマジネーションは表象不能な集合的無意識の構造を明らかにするものだ、と（Jung, Pauli, 1952）。

つまり、真正なるイマジネーションは諸元型の働きを少なからず可視化し、それらの類心的特性ゆえに心の彼岸までも含む高次のリアリティを垣間見させてくれる。ユング派で言うイマジネーションは空想の産物ではない。いにしえの錬金術師が「真正にして空想にあらざる想像」imaginatio vera et non phantastica と呼んだもの。それは、向こうからやってくる、ほんもののリアリティである。

第三章　共時性とその周辺

時空の相対化と諸事象の相対性

本章では、共時性に関する諸家の見解や近縁の諸概念を見ておきたい。もちろん、まずはユングからはじめよう。彼自身は共時性をどのように理解していたのだろうか。押さえておくべき点は、共時性が因果性を補償するとされていることである（Jung, Pauli, 1952）。因果律は多くの現象に適用可能だが、それでは説明しきれない現象もまた多い。にもかかわらず何らかのつながりが想定されるような場合、非因果的な連関の原理としての共時性の出番がある。

因果律の大前提となっているのは、時間と空間の絶対性である。ある物体が空間内の特定の位置にあって、ある時点での状態（質量、運動の速度や方向、働いている力）がわかっていれば、その後の、あるいはその前の任意の時点における状態も明らかにできる。これに対して、共時性は時間と空間の相対性のうえに成り立つ原理であり、時空連続体のなかで可能になる。

第一章であげた、スウェーデンボリの大火のヴィジョン、学生が見たスペインの街角の夢などを思い出してもらうとわかりやすいだろう。大火のヴィジョンは、時間的には実際の火事とほぼ同時に発生したが、空間的な隔たりの絶対性が無化されていた。また、スペインの夢においては、時間的な隔たりも相対化されて、未来のできごとが今現在のこととして経験されていた。

ユングは、この時空の相対化を、錬金術における「一なる世界」unus mundusと呼ばれる世界観のなかで理解していた（Jung, Pauli, 1952）。「一なる世界」においては、万物が一つにつながって網の目を成している。この無限の網の目のなかでは、どこか一か所に生じたできごとが全体の変化となる。いっさいが相互に関連していて相対的だからである。縁によって結ばれていると言ってもよい。共時性が縁起律とも訳されている（山井，1994）のはそのためである。

この世界観は、大宇宙と小宇宙の照応という中世ヨーロッパ的な観念にもつながっている。大宇宙で今まさに進行しつつある動きは、その一部をなす小宇宙としての人間においても何らかのかたちで生じている。ある特定の時による刻印は宇宙にも人間にも共通になされる、と言ってもよい。だから、ある人の誕生した時の刻印を当時の星の位置から読み取ることができる。ユングが共時性を論じるなかで占星術の統計を取り上げたのも故なしとしない。

ある時にある場所に居合わせたものたち。そこには「偶然」のつながりがあるわけだが、中国ではそれをタオと呼ぶ（Jung, 1997）。世界に起きている動きと個人に起きている動きはタオのなかで一つである。そのような状況や変化を、投げられた硬貨や分けられた筮竹のパターンのなかに卦《か(け)》として読み取る技術が易で、その解説書は四書五経の一つとして重視されてきた。ちなみに、「易」とは変化の意、『易経』*I ching* は *Book of change* と英訳されている。

このことと関連するユングの見解として重要なものに、「時間のなかでの創造行為」がある。ユングは共時性の特徴としてこの点を強調している（Jung, Pauli, 1952）。説明するのはなかなか難しいのだが、概略は、次のようになるだろう。

因果律の世界観はつねに原因を探し求めている。ある原因には、それを引き起こした、一つ前の原因があり、一つ前の原因にもさらにその前の原因がある。こうして原因をどんどん遡っていくと、ついにはその究極に到る。それを第一原因と呼ぶ。第一原因は、神学的には、創造する神と同一視される。原初の時点、時間の起始点において、神は創造を行なった。そこから、因果的な秩序が顕在化してきているというわけである。

これに対して、原因というものの埒外にある共時的現象についてはどうだろうか。共時的現象においては、時間のなかでの創造がなされている。つまり、不規則に新しいことが起きている。こうした現象を共時的と呼びたくなる理由の一つは、時間というものの存在下でのこの不規則性にある。また、ここでは、「創造」が単なる偶発事態とは異なることも重要である。そうではなく、意味によって感じ取ることのできる秩序性を備えているからこそ、創造行為と言えるのだ。その基盤に元型の働きがあることは言うまでもない。

そのような文脈のなかでユングがしばしば用いる言い回しとして、「非因果的な秩序性」というのがある（Jung, Pauli, 1952）。原語の acausal orderedness は訳すのが非常に難しい。とくにorderednessのところが。あえて直訳するなら、「非因果的に秩序立っていること」「非因果的にしかるべき状態になっていること」とでもなろうか。やはり、いっさいが相互的な網の目になっているということである。諸々の事象が因果性によって成り立っているのが秩序のある状態だとばかり考えていると、これは理解できないだろう。

また、これと似た言い回しとして、just-so-nessという表現もユングはよく使っている（Jung, Pauli, 1952）。「ただそうであること」「そのとおりであること」なのだが、ニュアンスを汲んで訳すなら、「まさにそうであるほかはないこと」といった具合になるだろうか。そこにある状況には因果的な説明がそぐわないにもかかわらず、深い必然性が感じられるわけである。

acausal orderedness にしても just-so-ness にしても、共時性の本態を正確かつ端的に表現した言葉であると言ってよい。原因が見当たらず、因果律にもとづいた説明が不可能。「だってそうなのだもの」としか言いようのない、強い必然性が感じられる現象であることが示唆されている。acausal orderedness と just-so-ness は、単なる「偶然」の言い換えではない。因果性の立場からは切り捨てられてしまいかねない例外的現象の命脈をつなぐ、ユング独自の探求の成果であり、説明ならざる説明なのである。

意味をめぐって

共時性とは意味深い偶然の一致である。意味を感じ取る人間の心の存在が不可欠であるということから、第一章では、これについて「きわめて人間的な原理である」と述べた。しかし、じつは、そこに複雑なパラドックスが隠されている。問題は、意味というものの在処《ありか》である。単純に考えると、意味はそれを見出す私の心のなかに生じてくるもののように思えるのだが、必ずしもそうとは言いきれない。

ユングは、元型の観念の先駆けの一つとも言うべきプラトンのイデア論をめぐって、こう述べている（Jung, Pauli, 1952）。「共時性原理が仮定していることは、ある意味が人間の意識への関係において先験的に存在していること、かつ明らかに人間の外部に実在していることことである。このような仮定は、とりわけプラトンの哲学に見出される。それは、経験的事象の先駆的イメージないしはモデル、つまりεἴδη（形象、種）が実在していて、私たちはその反映（εἴδωλα）をこの現象の世界のなかで眺めている、ということを容認している」。

そして、アルキメデスの数学において「宇宙のなかに汝が見るものは神の栄光の光にほかならない／オリュンポスの座で数が永遠に統治する」と述べられていること、大数学者だったガウスが「神は数学をする」と述べたことなどを指摘し、「共時性およびおのずから存在する意味という観念」として古代中国のタオと易の考え、中世ヨーロッパの占星術の立場などをほのめかしている（Jung, Pauli, 1952）。

「ある意味が人間の意識への関係において先験的に存在していること」、および「おのずから存在する意味」というのは、理解するのがかなり難しい観念ではなかろうか。そして、意味が先験的に存在しているのなら、共時性が人間的な原理だとは言いきれないようにも思えてくる。しかし、ここでは、集合的無意識および元型という概念が、ユングの言わんとしていることを解き明かすためのヒントになるだろう。

集合的無意識とその内容である諸元型は、個人に属するものではない。個人の存在以前から存在している。その点で、まさしく先験的である。それはかつて一度も意識化されたことがない。しかし、つねに意識化されることを求めている。それゆえ、実質上、意識の経験とともにある。集合的無意識や諸元型をこの世にあらしめるのは意識の仕事である。

ユングは、人間の意識と世界の関係について、次のような洞察を語っている（Jung, 1971/1987）。当時、未踏の地と言っても大袈裟ではなかったアフリカを旅したときの経験である。少し長くなるが引用しよう。

この広大なサヴァンナの低い丘に立つと、驚くばかりの眺望が開けていた。地平線のかなたにまで巨大な動物の群が見えた。……草を食み、頭を上下にふりながら、獣たちは緩やかに流れる川のように、前へ前へと移動していた。肉食の猛禽があげるメランコリックな叫びのほかには、なんの物音もしなかった。永遠の原始の静寂があり、きっといつもそうであったように非存在の状態にある世界があった。というのは、つい最近まで「この世界」があることを知るものは誰もいなかったのである。私は……そこでただ一人でいるのだという感じを味わった。そのとき私は、これが世界であり、そして人類がこの瞬間に自分の知識によって、はじめて現実的に作り出したということを知った最初の人類であった。

ここで私には意識の宇宙的意味が痛切に明らかとなった。錬金術師たちは「自然が不完全なままに残したものを、技術が完全にする」という。人類、つまり私が客体的存在として認めれば、それによってはじめて、見えざる創造行為のなかにある世界が完成される。この創造の業は、ふつうは創造主の御手によると考えられているが、そう考えると生命や存在を計算しつくされた機械とみなし、人間の精神も含めて、あらかじめ熟知され、決定された法則によって、無意味に経過し去って行く機械とみていることになるとは考えつかない。このような味気ない正確さばかりの空想《ファンタジー》には、人間と世界と神との演じるドラマはない。……人間にとっては創造の完成が不可欠であり、実際に人間が第二の世界創造者そのものとして、世界をはじめて客体的存在たらしめるものであることが、私にははっきり分った。世界に客体的存在が付与されていなかったら、世界は聴こえず、見えず、音もなく食べ、生まれ、死に、頭をうなだれて、幾億年もの間の時が流れ、非存在の深夜のうちに、果しない終局を迎えるであろう。人間の意識が客体的存在と意味とをはじめて創り出し、そしてそうすることによって人間は偉大な存在過程に不可欠な座を見つけるのであった。（河合隼雄ほか訳）

人間の意識があってこそ完成される世界。人間がいてこそ存在し顕現しうる神々。ここには、先験的なものにかたちを付与する人間の意識の重要性がある。前節で「時間のなかでの創造行為」というユングの共時性に関する指摘を取り上げたが、それもまた今の引用の内容と密接につながっている。共時的現象に対して意味を感じ意味を見出す、人間の意識の役割は、世界の創造と不即不離なのである。

人間の個性化は意識の拡大とともに進む。それは一個人においてもそうなのだが、人類全体の意識の進化という次元で見てもしかりである。意識は人間が自然から、あるいは神々から与えられた最高の可能性であり、他の生き物にはほぼ許されていない。意識の拡大は、人類にとっての使命であり宿命である。そして、共時的な現象のなかに意味を見出す作業を行なうのが、拡大された意識にほかならない。

もう一度、ユングの言葉を見てみよう。「ある意味が人間の意識への関係において先験的に存在している」である。意味はなるほど個人以前に、つまり先験的に存在しているが、にもかかわらず、あくまでも人間の意識への関係というものに裏打ちされている。この指摘はきわめて重要である。共時的現象において見出される意味は、必ずしも個人の心のなかにあったものではない。

ここには、世界ないしは宇宙と人間の心との共同作業がある。宇宙には空間と時間と物質とエネルギーが充満している。それらが浸透していると言ってもよい。そして、それと同じくらい、いやそれ以上に、宇宙には心が浸透し潜在している。原初の宇宙には、時間、空間、物質、生命、心、意味がはじめから類心的に畳み込まれていて、共時的に展開してきた、ということをユングの共時性の概念は暗示する。

ただし、ここで銘記しておかなければならないことが一つある。意味を見出すこと、言い換えれば意味を意識化することに伴う自我の責任である。そこに個人の、そして人類の使命があるのなら、当然ながら、責任が発生する。アクティヴ・イマジネーションが集合的無意識や諸元型の構成を開示すること、個性化つまり全体性の実現を可能ならしめる最強のツールであることはすでに前章で述べたが、それは、そこで行なわれる折衝という作業に「自我のアクティヴな態度」（老松，2004a）が求められることに照応している。

共時性の探求

共時性に似た概念を主張した間接的な先駆者は多数いた。老荘、プロティノス、ライプニッツらである。一方、直接的な先駆けとして、ユングは、オーストリアの生物学者、パウル・カメラーPaul Kammer（一八八〇〜一九二六年）をあげている（Jung，Pauli，1952）。一九一九年、カメラーは、形態や機能が類似したものが反復的に出現する現象（「二度あることは三度ある」の極端な場合）の背後に未発見の自然法則が存在すると考え、「連続性の法則（系列性の法則）」と名づけた。

彼自身による定義は、「系列の各要素が――注意深い分析によって確認されうるかぎり――同一の動因によってむすばれているわけではないのに、それらが空間・時間内で規則的に再現されたり連続したりすること」（管啓次郎訳）となっている（Peat, 1987）。たとえば、ある日乗ったバスの切符の番号が、それから向かった劇場の切符の番号と同じで、さらには、その晩利用したレストランのクロークの切符の番号と一致する、といった場合のことである。

カメラーは言う。「こうしてわれわれは……絶えずかき混ぜられ並べ変えられているにもかかわらず、似たもの同士が集まり合うように配置された世界というイメージに到達する」（Peat, 1987）。ユングはむしろ同時性や一回性を重視したが、カメラーは連続性を強調しており、それは諸事象が空間的に集まる法則と時間的に集まる法則に従って発生するとしている。ただし、カメラーはこの法則を成り立たせる源に言及していない。さらには、純粋な偶然とのちがいが判然としない。その点、ユングの共時性には意味深さという特徴が打ち出されており、ただの偶然から明確に区別しうる。

ユング以後はどうだろうか。一九六〇年代までの研究は、ユングの概念を忠実に受け継いだものが多い。ユングの高弟、M－L・フォン・フランツによる『偶然の一致の心理学』（Franz, 1980）は最早期の研究の一つで、一九六九年の講義にもとづくものである。共時性と物理学とのつながり、占いとの関連について詳説しており、ユングの見解に沿って占いにおける数の重要性も強調している。彼女はその後、*Zahl und Zeit*（Franz, 1970）や*Psyche und Materie*（Franz, 1988）などで、この点の研究を深化させた。

古典的な研究としては、C・A・マイアーによる、ユング派的観点から見た心身医学関係の論文（Meier, 1986）も見逃せない。彼は心と身体の関係性を共時的なものとして捉えるという画期的な見解を唱え、それまで共時的現象は稀にしか起きないと考えていたユングをもついには納得させた。この研究は、ユングによる概念を拡張しようとする、一九七〇年以降のポスト・ユング的な流れの嚆矢となったと言ってよい。

一九七〇年代以降となると、I・プロゴフの『ユングと共時性』(Progoff, 1973) が興味深い。共時性などをめぐってユングと共同研究をした深層心理学者である。彼女は、司祭にして古生物学者だったP・T・ド・シャルダンのキリスト教的進化論とユングの考えの類似性を指摘したり、ユングが述べた元型の希望にまつわる特性に注目したりしている。そこから、共時的現象として現れる奇跡と人間の成長や進化との関連が示唆される。

ド・シャルダンによると、宇宙はすでにいくつかの段階を経て生命圏の成立にまで達していて、現在は精神の備わった人類を中心とする叡智圏の発展途上にある。そして、究極の目標であるオメガ・ポイントに向かっており、そこで人類の叡智は極大となり、キリストに等しくなるという。このプロセスでは、個人の意識の総体とつながった世界意識の飛躍が人類を進化させる。しかし、この飛躍がいかにして起きるかは明らかでない。プロゴフは、ユングの共時性の概念がそれを補うと述べている。

日系の分析家、J・S・ボーレンの『タオ心理学』(Bolen, 1979) は、共時性にまつわる身近な経験を中心に述べており、あまり体系的ではないが、共時性とセルフの働きを印象深く関連づけている。比較的新しいところでは、J・キャンブレイの *Synchronicity: Nature & psyche in an interconnected universe* (Cambray, 2009) がよくまとまっていると思う。理系出身だけあって、最近の物理学の進歩もふまえたわかりやすい解説である。そして、「文化的共時性」なる興味深い概念を提唱している。また、トラウマを抱えている人に共時的現象が多いという注目すべき指摘もある。

ユング派らしい独自の観点として、臨床神話学的なそれにもふれておかなければならないだろう。共時性や共時的現象を背後で司っているのはいかなる神話的存在か、である。さまざまな神が想定されてきているが、その一部をあげるなら、M・スタインやA・クームスらはヘルメス、J・ヒルマンはパン、A・F・バーニストンはディオニュソス、A・ミンデルやS・ハンデルはゴーレムを共時性の背後に想定している (Main, 2007)。

また、近接領域の研究者による仕事として、古典的なところではA・ケストラーの『偶然の本質』(Koestler, 1972) があり、その後、D・ピートの『シンクロニシティ』(Peat, 1987) および *Synchronicity: The marriage of matter and psyche* (Peat, 2014)、A・クームスとM・ホランドらの *Synchronicity: Through the eyes of science, myth, and the trickster*

(Combs, Holland, 1996) などがあった。近年では、R・メインの*Revelations of chance: Synchronicity as spiritual experience* (Main, 2007)、同じく*Jung on Synchronicity and the paranormal* 所収の微に入り細にわたるIntroduction (Main, 1997) などがある。

文学者ケストラーは、カメラーもユングも非因果的な原理を提案しておきながら疑似因果律的な言葉で説明しようとした、として批判している (Koestler, 1972)。カメラーに関してはラマルク主義的観点を可能ならしめる未知の力を想定していることに対して、そしてユングに関しては物にも心にも力を及ぼす類心的な元型という概念を唱えたことに対して、である。これは軽々に無視できない指摘と言える。

ケストラー自身は、生命が一つの綜合へと向かう能力ないしは傾向を重視して一つの原理と見なし、非因果的現象もそこに包含させてこう述べている (Koestler, 1972)。「われわれが対面しているのは、さまざまなわけのわからない神秘ではなくて、多くの細胞からより複雑なひとつの全体を造り上げようとする単一の、そしてそれ以上には還元することのできない進化的な傾向なのだ」(村上陽一郎訳)。そして、共時性という「奇妙」で「誤解を招きやすい」術語のかわりに「合一的事象」なる呼称を提唱した。これが高次の、いうなれば創発的水準における統一性を暗示している、というわけである (「創発」については後述)。

ピートの本やクームスらの本は概説書らしい概説書である。ピートは物理学に、クームスらは意識の心理学や神話学に足場がある。前者は物理学領域のことをわかりやすく解説してくれる（Peat, 1987, 2014）。後者は、先ほどもふれたとおり、共時的現象におけるトリックスター元型、とりわけヘルメス的な神出鬼没のイメージの顕現に注目している（Combs, Holland, 1996）。

メインの著書（Main, 2007）は、網羅的で体系立っているうえに、客観性が担保されていて偏りが少ない。彼は二つの稀有な共時性の事例を中心に検討を重ね、共時的経験の本質として霊的次元——ヌミノーズム、奇跡性、超越性、啓示性など——を指摘する。二つの事例とは、叩き上げの材木商だったエドワード・ソーントンが『ある神秘家の日記』に記した一連の経験（Thornton, 1967）、そしてチェス王者ジェームス・プラスケットの著書と私信に綴られた一連の経験である。前者については次章で紹介する。

周辺科学との接点

以上、共時性の探究の流れを見てきたが、ここからは周辺科学における関連概念を見ておこう。ただし、私は門外漢なので、そうした領域に造詣の深いキャンブレイ（Cambray, 2009）、ピート（Peat, 1987, 2014）、ミラー（Miller, 2010）らの著書を（いちいち文献としてあげていなくとも）おおいに参考にしていることをあらかじめ断っておく。専門用語の正確な意味も含めて、詳しいことについては成書を参照されたい。

はじめに、物理学にまつわるあれこれである。共時性という仮説の展開に関しては、ユングがパウリと共同研究をしたという経緯もあって、現代物理学との接点があった。量子物理学者であるパウリは、唯物論的な物理学の限界を早くから認識していた。量子には因果律が通用しないうえ、そのふるまいには観察者の存在が影響を与えずにおかないという特性（ハイゼンベルクの不確定性原理）ゆえに客観性も担保できないからである。パウリは物理学の本質にそのような主観的、心理学的な要素が含まれていることを無視できないと感じた。そして、物理学と心理学は鏡像関係にあるとさえ考えていた（湯浅，1999，Miller，2010）。

パウリの生涯についてはのちに詳しくふれるので、今は簡単に述べるにとどめるが、ふたりがはじめて出会ったのは、パウリが自身の心理的問題を相談するために一九三二年にユングのもとを訪ねた際のことである。当時のパウリは「素粒子どうしの内的な統合と、それらがしめす抽象的な対称性」を見出そうとしていた（Peat，1987）。ここで言う「対称性」とは、物質の究極的な構成原理の一つである。そのためもあって、パウリの夢やヴィジョンは途方もなく元型的で、しかも幾何学的であり、物と心のアマルガムである錬金術の象徴学にも通じる要素が備わっていた。

ユングは驚き、この比類なき物理学者が捉えた物質の究極のイメージと自身の探求している心の本質との間に通じ合うものを感じた。そして、その後の二〇年以上におよぶ交流が、一九五二年に共時性にまつわる共著（Jung, Pauli, 1952）へと結実するのである。ユングが錬金術から持ち出してきた「一なる世界」の観念や古代中国の易におけるタオの考え方、つまり森羅万象が一つの網の目のなかに編み込まれているという観念について、パウリは、現代物理学の場の理論に重なるものと見なした（Cambray, 2009）。場の理論とは、物体間の相互作用が力を媒介する場を通して生じるとする考え方をいう。

相対性理論と量子力学は、当時、「新しい物理学」と呼ばれており（Combs, Holland, 1996）、前者は巨大な宇宙を時空連続体として描き出した。つまり、時間と空間は絡まり合った一体を成しており、独立性や絶対性を持たず、伸び縮みしたり曲がったりすることを見出した。同様に、後者は、微小な諸粒子が個別の独立した存在ではなく連続性を有していることを明らかにした。つまり、両者とも全体性の重要性を主張しており、いっさいが同時的、共時的に予測不能な創造をなす可能性を示している（Combs, Holland, 1996）。たしかに、パウリの言うとおり、ユングの全体性を重視する観点と似通ったところがある。

相対性理論と量子力学の登場以来、因果律は、物理学のなかでも絶対性を減じてきた。マクロな領域とミクロな領域では、因果律が成立するのに必要な条件が満たされないからである。たとえば、そうした領域では、二つの物や事象が明確に区別されるということが保証されない。量子は粒子であるとともに波動であり、それぞれの場所に存在する確率の濃淡を意味する雲のようなものとして広がっているだけである。別の言い方をするなら、無数のものごとが相互につながって一つの有機的なネットワークを作っている。

しかし、日常的なスケールにおいても、ものごとはけっしてそれぞれが独立して生起しているわけではなく、極端な言い方をすれば、いっさいにいっさいが関与している。大海のなかの一個の水分子は、他のすべての水分子との関係があってはじめて、今あるその場所に存在している。また、大気中の一個の塵は、風、気温、気圧、コリオリの力、他の塵の動きなど、周辺のありとあらゆるものとの関係性のなかにある。高校物理の試験問題で仮定されるような、摩擦も温度変化もない理想的環境に物体が存在していることなどありえない。

それゆえ、事象を要素へと分割して本質を見出そうとする、機械論的、還元主義的な方向性だけでは足りない。有機的なネットワークのある系ではとくにそうである。そのような系では、個々の構成要素がときに非線型的なふるまいを見せる。それまでになかった新奇なふるまい、個々の構成要素の総和を超えたふるまいである。ある臨界点において不連続な変化が現れるわけである。

このことは、もっと一般的に言えば、カオスに代表されるいわゆる複雑系の現象に通じている。複雑系とは、構成要素間に非線型の相互作用があるため、そのふるまいを要素に還元できない系を指す。気体や液体も本来、複雑系をなしているので、全然珍しいものではない。複雑系の科学は、物理学や化学にとどまらず、人文社会学分野も含むさまざまな領域で組織化にまつわる現象の解明に応用されて、多様な発展を見せている。

鍋の水を加熱すると対流が発生するが、ある条件下では、臨界点を超えるとそのままでは熱を拡散させきれなくなるため、六角形の流れの格子（ベナール・セル）が無数に形成される。いわゆる散逸構造における自己組織化である。そこには、創発と呼ばれる事態が見られる。創発とは、ある系がその構成要素にはなかった新たな性質や秩序を自律的に生み出し、高次の階層を創出する事態をいう。

生体には、創発による階層構造が広く見られる。たとえば、心筋細胞が集まると同期した動きをはじめ、心臓を形成する。あるいは、神経細胞が多数集まると、その個々の機能からは導き出せないような複雑で高度な働きをしはじめる。脳である。同様の事態はありとあらゆる自然現象に見られるし、生き物の集団、社会における行動などにも観察される。たとえば、蟻の集団がおのずから働く社会になるなどである。

創発によって生じる高次の階層のふるまいは、低次の階層のふるまいから因果論的に予測することが難しい場合が多い。その意味で、創発はいわば偶然に起きる。にもかかわらず、非常に創造的な現象である。ユングが共時性をめぐって指摘する「時間のなかでの創造行為」（Jung, Pauli, 1952）という特徴に通じるところがありそうに思われる。

非線型的な系は、たえず変化し続け、新たな秩序を作りながら、みずからを維持していく。こうした系は、みずからが新たな組織化の導き手なのであり、みずからの意味の発現そのものになっている。言葉を換えて言うなら、個々の構成要素にはじめからひそかに高次の全体性と意味が内在していることになる。共時性があらわにする全体性と内在的な意味は、このような背景秩序という概念ともつながりがあるかもしれない。

素粒子の世界には、組織化の導き手の一つとして対称性がある。多様な素粒子の背後にある対称性は、物質の究極の構成原理と考えられている。ビッグバン直後の宇宙には対称性があった。しかし、対称性は非常に不安定なため、どうしても破れてしまう。その現れが多様な素粒子の存在だと考えられている。対称性が破れると、それを補償して対称性を維持するために、新たな素粒子が生まれるのである。

この対称性の破れ方には、なぜか偏りがある。それは偶然のなせる業である。ユングが共時性をめぐって述べたacausal orderedness、そしてjust-so-nessという指摘（Jung, Pauli, 1952）を思い出してほしい。非因果的にそうであるほかはない状態になっていることを含意するこの指摘は、「対称性の破れ」という因果律を超えた現象を共時性と関連させて考える根拠となる。

一方、時空の相対化のなかで生じる共時的現象をめぐっては、生物学者L・シェルドレイクの言う形態形成場、あるいは物理学者D・ボームが提唱した暗在系と呼ばれる仮説とのつながりも指摘されてきた（Cambray, 2009, Peat, 1987, 2014）。ただし、背景秩序と関係がある、よく似たこれら二つの仮説には、厳密には因果論的な考え方が入っているため、注意が必要である。

形態形成場とは、能動的な情報を有している場のことを言う。分子や結晶が効率的に形成され続けているときには、じつは、必ずしもランダムなプロセスが繰り返されてはいない。どうやら、最初の形成時の情報や記憶のようなものが場に発生していて、その後の分子や結晶の成長を一定の方向へと導いているらしいのである。

一方、ボームの仮説においては、諸現象の背後に不可視の次元、暗在系があるとされる。そして、そこに秘められていた能動的な情報（内蔵秩序）が可視的な秩序（顕前秩序）を伴って展開された系を明在系と呼ぶ。つまり、通常の現実の世界、つまり明在系では相互に独立していて偶然に起きているように見える諸事象がそれ以前に一つに畳み込まれていた隠れた次元がある、というのである。

具体的な例としては、密かな情報を有している量子場がさまざまな素粒子の姿へと秩序立った展開を見せる、というようなことである。明在系と暗在系の間には、相互に補償的な関係性がある。その点で、ユング的な意識と無意識との関係性についても示唆するところ大である。心理学者Ｄ・ロイは、特定の瞬間に、明在系では不可知の情報を暗在系から感じ取れることがあるとし、「暗在系を逍遙する」心的能力と呼んだ（Combs, Holland, 1996）。

占いと数

以上が共時性の研究に関する流れの概観になるが、占いについてはもう少しふれておきたい。あとの諸章では占いの本質から共時性の正体を探ってみるつもりだからである。さまざまな占いに共通するのは、無意識のなかに秘められている知を引き出そうとすることと考えてよい。夢占いの場合、無意識とのつながりは説明を必要としないだろう。偶然の形象に暗示を読み取る方法においては、焼いた骨のひび割れ、水晶玉といった、占い師の無意識の投影を引き出しやすい素材が使われる。

無意識のなかには、時代や場所を超えた普遍的な知恵がある。ユングはそれを無意識の絶対知と呼ぶ。すでに説明したように、集合的無意識は万人に共通である。いわば、一つの客体として個人の外部にある。ユングはこの集合的無意識を客観的心（客体的心）とも呼んだ。

そこには個人間の境界も時空の壁もないので、過去のことでも未来のことでも、また近くのことでも遠くのことでも、すべての情報がつまっている。現代風に言えば、インターネット百科事典に近いかもしれない。各ユーザーが共通の場所にアクセスして古今東西の情報を入手するわけである。

そのような意味で、集合的無意識は、まさに絶対知の貯蔵庫である。この絶対知にアクセスする才能がある人がときどきいる。また、そういう能力を後天的に高めることも不可能ではない。ユング派の分析などはそのための有力な方法の一つになりうる。ただし、誤解しないでほしいのだが、絶対知といっても、諸元型の活動によって引き起こされたり駆動されたりする事象の知識に限られる。

ところで、占いは数と密接なつながりがある。最も単純なコインの裏表でさえ、数の面から見ると、意外に複雑である。たとえば易の擲銭《てきせん》法においては、コインは一枚ではなく三枚投げる（擲銭）ことになっている。そのうち何枚が表になったかにより陽か陰のどちらかの象（易の場合には爻《こう》という）が得られる。正確には、陽はさらに少陽と老陽に、陰は少陰と老陰に分かれる。擲銭は六回行なうので、二の六乗で六四通りの象（易の場合には卦という）が得られることになる。

易が壮大な哲学体系を有している理由はこの複雑さにあるが、その土台になっているのが数に秘められた力である。数がただの量的なスケールではなく、本来、質的、量的な両面を統合した元型的含みを持っていることは、つとにユングが指摘していた（Jung, Pauli, 1952）。フォン・フランツは、易について、同時に生起しやすい内的および外的な諸事象の集まりを探索し、それらの成す場の情報を数によって示す、と説く（Franz, 1980）。数は、時刻によって束ねられた諸事象の質的な構造に関する情報を教えるという点で、共時性の本質に深く関わっている。

数、とくに自然数のことを、私たちは、長さや多さを量るために意識と自我が恣意的に発明した道具と考えがちである。しかし、ユングによれば、数には元型的な起源がある（Jung, Pauli, 1952）。数は神だったのだ。古代マヤの神々の名前には、それぞれに異なる数が含まれている。ヘラクレイトスは、神は盤上遊戯をする少年であると述べた。そして、古代インドのヴェーダでは、神はサイコロ遊びをしていると言われる。サイコロには、賭博という偶然の符合の現れに通じるところがある。

数の質的な側面とは、それぞれの数に伴っている意味や象徴性のことである。一には一の、二には二の、三には三の、四には四の象徴的意味がある。したがって、一が二となり、二が三となり、三が四になるとき、そこで起きるのはけっして線型の連続的な変容ではない。そのつど、非線型の不連続な変容が生じているのである。量が変わるのではない。質が変わるのだ。

先ほど、易は二の六乗で六四通りの卦があると述べたが、実際には、二の三乗を一つの区切りとしてそれを二回重ねるという作業をする。つまり、基本になるのは三回の擲銭の結果である。その三回は、最初が原初の全体性である太極が陽と陰に分かれる段階、二回目が陽と陰それぞれがまた陽と陰に分かれる段階、三回目がさらにおのおのが陽と陰に分かれる段階になっている。この段階で現れた卦が現状を示していて、それが次なる変化の出発点となると見なされる。

占いとは関係ないが、錬金術には「マリアの公理」と呼ばれる秘伝の原理が伝わっている(Jung, 1944, 1955/1956)。著名な女性錬金術師、マリア・プロフェティサに仮託された、謎めいた一文で、「一が二となり、二は三となり、第三のものから四として一が生まれる」というものである。原初の混沌である一が、対立し合うものから成る二に分かれ、その静的な対立をダイナミックに動かす第三の要素が加わって、ついには対立が架橋されて四が生じて、それが新たな出発点としての一になる、とでも考えたらよいだろう。

ここに見られる一から四、さらに再度の一は、それぞれ異なる段階を表しており、その各部分においてもプロセス全体においても質的な変容が起きている。しかも、この反復ないし循環には一種のリズムが伴っていることが感じられると思う。ここでの例はたまたま易の宇宙観と錬金術の秘伝だったわけだが、いずれにおいても、数が変化しながらリズミカルに反復や循環するなかで新たなものの誕生や古いものの更新が生じるとされている。

ちなみに、中国には、こうした四（五と考えることも可能）のリズムが宇宙を統べていることを示す、古代の有名な図像がある。それを河図《かと》という（図６）。黄河から現れた龍馬の背に見出されたと伝わる、数のマンダラである（ユングは、円と四角形を基調とする対称的な幾何学図形のイメージが個性化のプロセスの決定的な時期におのずから出現することを発見し、東洋の用語に倣ってマンダラと呼んだ（Jung, 1950, 1997)）。河図には一から九までの数が十字のかた

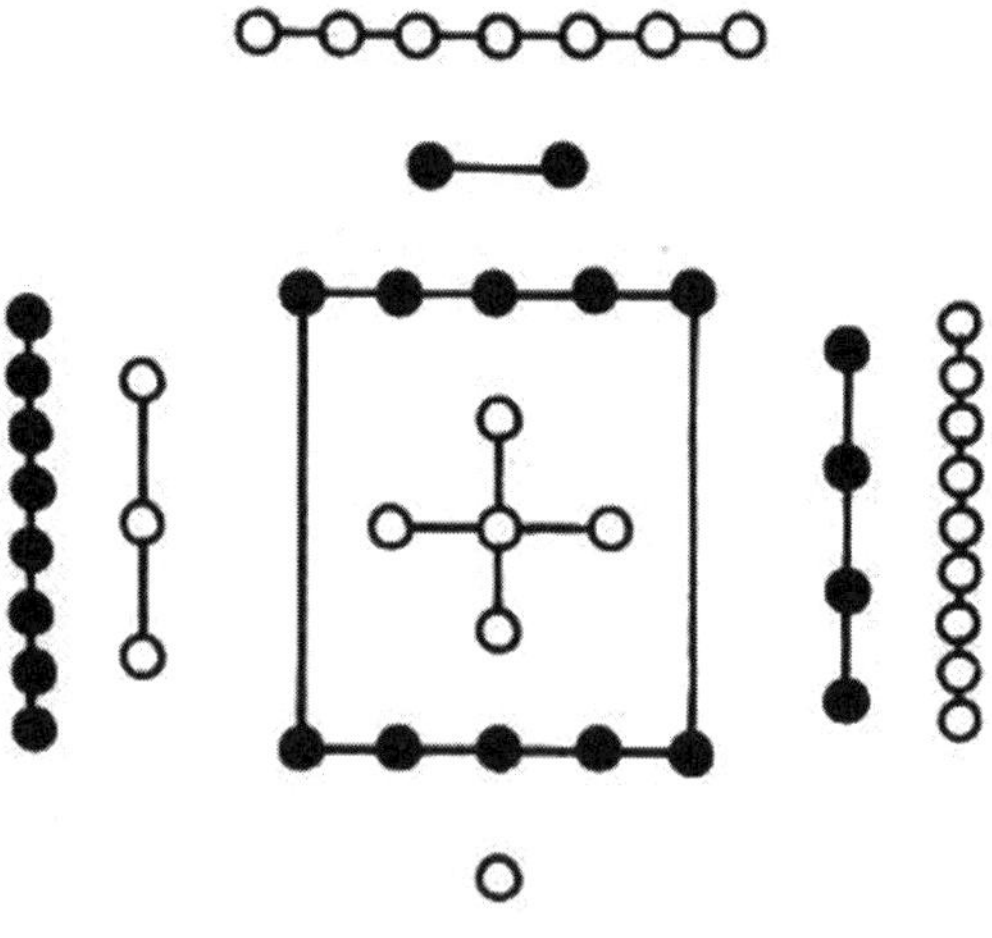

図６　河図　点の並びは１から９まである。
１から順にたどって最後に10となるべきところで５に戻れば、
放射と収斂のリズムが繰り返される。時間の無限のリズムを表す。

ちに配列されていて、順にたどっていくと四の生成を二回繰り返す構成になっていることがわかる。

興味深いことに、ユングは、セルフを構成する諸要素相互の位置関係をめぐって、河図に似た幾何学的イメージを思い描いていた（Jung, 1951a）。河図が平面図なのに対して、ユングの場合は立体的イメージで、正八面体を積み重ねたようになっている（図7）。そこにも四のリズムの繰り返しがある。この重ねられた正八面体を真上から押し潰したところを想像してみると、だいたい河図のイメージに重なる。フォン・フランツが

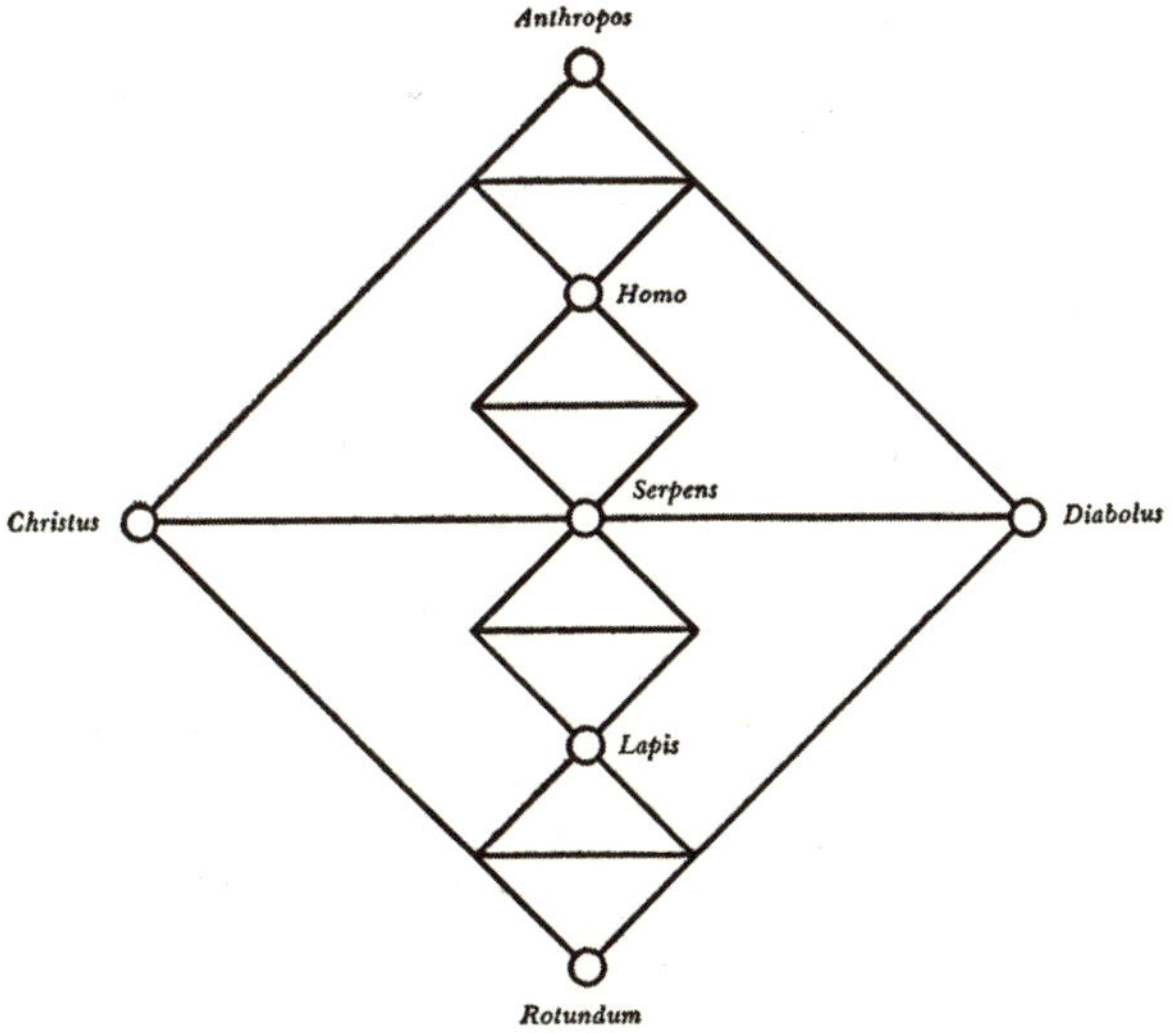

図7　ユングによるセルフの図（Jung, 1951a より）
グノーシス派の神話から作図したもの。
河図の放射と収斂のリズムを縦にずらしながら表せば
これと似たかたちになる。

指摘している（Franz, 1980）とおりである。

易の原理は宇宙と人間の両方を支配している。また、錬金術師が目標とした「哲学者の石」や「われらが黄金」の製造は、宇宙の創造を再現することに匹敵すると考えられていた。つまり、これらのイメージはセルフを象徴している。セルフはみずからと心全体の再生や更新を司る元型であり、そこには上述のようにリズムを刻む数の変容プロセスが隠されている。

易は、宇宙の変化の法則を土台にして、人の運命の行方を明らかにしてきた。錬金術は鉛から黄金を生成しようとするが、この不可能性の追求は、古代ギリシアでヘイマルメネと呼ばれた変え難い運命に徹底的に接近して挑む試みと重なっていた。無意識の底を覗き込むこと、より正確にはセルフの数のリズムを覗き見ることは、運命を知ることに等しいのであり、そこに占いの本質があると考えてよい。このようにして数と占いは堅く結びついている。そして、共時性の本質と深く関わっているのである。

第四章　「今ここ」にある永遠と無辺《むへん》

共時的現象が発生しやすい条件

　前章までで共時性に関する概説が終わり、ようやく私自身の経験や考えを提示する準備が整った。本章では、共時的現象が発生しやすい条件について検討したい。「発生しやすい条件」は原因とはちがう。誤解しないでほしい。そのような条件が揃っていても共時的現象が起きるとはかぎらないし、反対に、そのような条件が満たされていなくても共時的現象が起きることはある。それでも、やはり条件はあると思う。多くの分析家や心理臨床家は経験的にそう感じてきたのではなかろうか。そのヒントは蓄積されてきている。

　ユング自身があげている条件としては、心的水準の低下 abaissement du niveau mental がある（Jung, Pauli, 1952）。これはP・ジャネによる用語で、神経症や精神病の病態などを説明するものである。意識が無意識に対して行なっているコントロールが弱くなった状態をいい、そうなると無意識の内容が堰を切ったように意識に流れ込んでくる。ふつうは非意図的に生じる現象だが、意図的に作り出すことも可能である。

ユングは「心的水準の低下は、もともと神話形成がなされた未開の意識状態にかなり正確に一致する」(Jung, Kerényi, 1951) と述べ、諸元型の働きが活性化された状態であることを示唆している。したがって、そのとき人は対立し合う心的諸内容の強烈なテンションにさらされることになるが、自我の機能がしっかりしていれば、新たな統合が生じ、全体性の実現に近づくことができる。

ボーレンは、共時性が生じる条件として感情が強まっている場合をあげる (Bolen, 1979)。また、ミンデルは、調査を通じて、共時的現象の発生が、誕生、転職、死といったライフ・イベントや心理療法などと関係が深いことを見出した (Mindell, 1976)。これらもやはり、心的水準の低下や元型の活動亢進を示唆するものと考えてよいだろう。ユングが指摘しているとおり、心的水準の低下は、強い情動の喚起を伴う元型の活動亢進を引き起こす。

さきほど心的水準の低下は「意図的に作り出すことも可能である」と述べたが、そのような手法の代表格が瞑想の類である。たとえば、P・ラッセルは各種の瞑想をあげて、共時的現象が起きやすいと述べている (Russel, 2008)。ミンデルもまた、「プロセスマインド的な変性意識状態にあるとき」に共時的現象が生じやすいという (Mindell, 2010)。プロセスマインドとは、あらゆる生のプロセスの背後にあると想定される神の心 (もしくは自然の法則) の謂いである。

瞑想や祈りを習慣とする人に、どのように共時的現象が起きるのか。少々長くなるが、R・メインが詳細に述べている興味深い事例を紹介しておこう（Main, 2007）。材木商だったエドワード・ソーントンなるイギリス人が『ある神秘家の日記』に記した経験である（Thornton, 1967）。ソーントンはユングらのもとに紹介されて、ユングの弟子C・A・マイアーによる分析を受け、自身も分析家になった人物だが、分析家としての仕事はあまりしなかったようである。彼は一九四〇年代に次のような一連の経験をしたという。

①一九四四年一〇月二〇日に神に祈っていると、ギリシアの神殿内のヴィジョンが見え、白梟の像の置かれた祭壇が目の前にあった。

②前日の瞑想で生きている梟をはっきりと感じていたので、このヴィジョンにはいっそうの感銘を受けた。

③数日前の夢では、森の空き地で梟の群れが頭上から急襲してきた。

④何年か後にチューリッヒに分析を受けに行くようになると、夢やヴィジョンにかの梟がまた現れはじめた。

⑤後にも先にもないことに、自宅の庭のそばに梟のつがいが巣を作った。

⑥夢（一九四八年三月一七日）——弟の後頭部を調べていて、脊柱のてっぺんに膣を思わせる傷を見つける。

⑦それで、東洋の僧侶の伝統に則って剃髪する夢を一か月前に見たのを思い出した。

⑧夢（同年五月一〇日）——医学生たちの前で手術を受けることになっている。ユング教授がいる。手術の前に皆が聖歌を歌うが、自分はまちがって校歌（夢見手の理解では、癒しの神アスクレピオスへの讃歌に似たもの）を歌っていたことに気づいて恥じ入る。外科医は、よくあることだから気にするなと微笑む。（ユングによる手術を受ける。）

⑨瞑想中のヴィジョン（同年六月七日）——満月を背景とする枝に二羽の輝く梟がいて、一つに融合する。

⑩夢（同年九月二三日）——弟といっしょに監獄の独房を巡回する。囚人たちの額を斧で一撃して覚醒させるのが弟の仕事。最後の独房でもそれが行なわれたが、自分がその囚人で、完全に意識的になったように感じる。

⑪一九四九年にチューリッヒで神話学者カール・ケレーニーのアテナ女神に関する講演を聴き、アテナがゼウスの頭から生まれるときにヘパイストスが斧でもって助けたこと、この梟の目を持って生まれた処女の重さでオリュンポス山が揺れたことを知る。

⑫左小趾の治療に行った整骨院で、霊媒体質の施術者がヒーラーになる召命に従うこと

になった経緯を聞かされる（一九四九年四月二日）。彼女は、頭頂部に穴が開いて全身血まみれになるのを感じ、触ってみると何ともなかったが、終わりが来た、受け入れる準備はできていると思った、と語った。

⑬一八日後、小趾左からはじまった痙攣が胸部へと到り、左半身麻痺と言語障害を呈す。右前額部の背後の大脳半球に腫瘍が見つかり、手術を要することが判明。

⑭二つの関連する夢を思い出す。一方の夢（一九四八年一二月二四日）では、自分か誰かが自分の右側頭部から銀のワイヤーを引っ張り出していた。

⑮他方の夢では、右側頭部の皮膚が、受傷後に乾燥したかのように羊皮紙様になっていた。

⑯病室の窓の向かいにある役所の尖塔のてっぺんから巨大な梟の銅像が見下ろしているのに気づき、アテナの特別な加護のもとにあることを悟って身震いした。

⑰一九四九年五月一〇日、⑦や⑧の夢に似て、頭部の剃毛後に開頭手術。

⑱術後ようやく包帯がとれると、頭部を両断する手術痕があり、⑩の夢が現実のものとなったと思った。

⑲手術の日は、⑧の夢でその状況を知らされたちょうど一年後、一九四九年五月一〇日だった。

⑳ 翌年はヴァティカンが定めた聖年だったため、ローマへ巡礼に行ったところ、アテナの小神殿に連れていかれ、二体の女神像の写真を見せられた。それらは楯の紋様以外はそっくりで、⑨のヴィジョンを確証しているように思われた。

ソーントンの以上のような共時的現象の経験は、これほどの長期にわたるシリーズを形成しているという点でも珍しい。まことに稀有な事例と言ってよいだろう。この事例を見ると、瞑想と共時性の間に、一般的に思われている以上の密接なつながりがあることがわかってもらえると思う。

ところで、すでに述べたように、ユング派にはアクティヴ・イマジネーションという分析技法がある。この技法は瞑想の一種と考えることもできる。アクティヴ・イマジネーションのやり方に二つの位相があったことを思い出してほしい。意識と無意識とのキャッチボールのなかで、無意識の側がボールを投げる位相と意識の側がボールを投げる位相である。前者の位相では、自我が一〇〇パーセント、パッシヴにならないといけない。これは意図的に心的水準の低下を作り出そうとする位相だと言える。

私はつとに、アクティヴ・イマジネーションにおいては共時的現象が発生しやすいことを指摘してきた（老松，2004a，2004b）。次節に私自身の経験を紹介するが、このような傾向があることにはいくつかの理由が考えられる。いちばん重要なのは、アクティヴ・イマジネーションにおいては、イマジネーション内で「私」を取り巻く目の前の状況が何を意味しているか、いま無意識が送ってきているメッセージはいかなるものか、を徹底的に思案するよう求められ強いられている、ということだろうと思う。

無意識と直接に出会う唯一の方法であるアクティヴ・イマジネーションにおいては、その場その場、一瞬一瞬の無意識との折衝が、文字どおり、真剣勝負になっている。つまり、「今ここ」の状況との密度の高いコミュニケーションこそが、アクティヴ・イマジネーションの真骨頂にほかならない。「今ここ」を制する者がすべてを制す。これがアクティヴ・イマジネーションのポイントである。心的水準の低下を意図的に生じさせることにくわえて、「今ここ」への集中が共時性の発生に関する鍵になっているものと思われる。

「今ここ」を中心とする生というのは、アクティヴ・イマジネーションと関係のないところにもある。たとえば、トラウマを抱えている人たち、発達系と私が呼んでいる人たち（老松, 2014）は、そのような生を生きている。トラウマのある人たちに共時的現象が発生しやすいことはすでにキャンブレイが指摘していた（Cambray, 2009）。そして、よく観察してみるとわかるのだが、やはり発達系の人たちにも共時的現象は起きやすい。

本章では、共時的現象が発生しやすい条件として、従来あげられていることにくわえて、

「今ここ」への集中をあげたい。以下、アクティヴ・イマジネーション、トラウマ、発達系という状況や状態が、それぞれどのように「今ここ」とつながっていて、どのように共時的現象と縁が深いのか、しばし考えてみよう。しかるのちに、「今ここ」への集中というあり方の特徴を論じることにしたい。

「今ここ」とアクティヴ・イマジネーション

まず、アクティヴ・イマジネーションについてだが、本節で述べることは、「今ここ」とアクティヴ・イマジネーションのつながりに関する説明であるにとどまらず、瞑想一般と共時性のつながりに関する説明にもなるので、そのつもりで読み進んでもらえるとありがたい。

さて、私自身の経験として、かつて次のようなことがあった。ある寒い夜のこと、近所で火事があった。五～六軒ほど離れた家である。火はなかなか消えず、火の粉が激しく飛んでくるので、類焼するかもしれないと思ってしばらくヒヤヒヤしていた。そして、後日、伝え聞いたところでは、その家の住人である母子が焼死したとのことだった。

しばらくして、今度は、近くの里山で山火事が起きた。ハイキング・コースとして歩く人がわりあい多いためか、数年に一回は小さい火事があるのだが、このときの山火事は大きかった。山といっても住宅はたくさんあり、多くの住民が避難することを余儀なくされた。うちの子どもたちの通っていた小学校がその避難場所になっていた。つまり、校区内で起きた山火事である。

空気が乾燥していると、なかなか鎮火しない。消防車、救急車、パトカーがけたたましくサイレンを鳴らして走り回っていた。放水ではとても間に合わないようで、消火剤を撒くためのヘリコプター、マスコミの報道陣のヘリコプターも飛び交っていた。鎮火には数日を要した。まことに不穏な数日間だった。山膚には焼け跡が広範に残り、緑が戻るには、その後、何年もかかった。

さて、それから何週間かして、私はまた火事に見舞われることになった。正確に言えば、私自身ではなく、遠い親戚の家である。全焼したと聞いた。えらく火事続きだなと思っていたが、まだそれで終わりではなかった。数日後、実家の隣の家の車庫で爆発が起きた。原因はよくわからないが、そこに置いてあった燃料の類に引火したものらしい。その車庫に面した実家の壁はまっ黒になった。

前章でふれたカメラーの「連続性の法則（系列性の法則）」が頭に浮かぶ。「二度あることは三度ある」の法則である。ここでは、二度、三度どころか、「三度あることは四度ある」になってしまっている。類似した事象が四回連続して起きているので、カメラー流の表現を用いるなら、第四度の連続性ということになるのだろう。

偶然のできごとの連続が四回目となるこの時点に至ってようやく、私の前に意味というものが姿を現してきた。ふと思いあたったのだ。そして、この偶然の連続が腑に落ちたのだった。思いあたったのは、私自身がそのとき、自分のアクティヴ・イマジネーションのなかで「火のイニシエーション」とでもいうべき厳しい試練の渦中にあり、文字どおり、死と隣り合わせの火の経験をしているということだった。

一方には外界での一連の火事、他方には内界での火のイニシエーション。当時、私の意識の大部分はこの両者で占められていたにちがいないのだが、迂闊にも私は、それまでなぜかこの二つの事象を結びつけて考えたことがなかった。しかし、その瞬間、不意に私に意味というものが強烈に迫ってきた。私のなかで、両方の事象が意味深い偶然の一致としてはじめて連関を持ったのである。ことここに至れば、もはや連続性（系列性）にとどまらず、共時性がありありと感じられてくる。

私は、その頃、アクティヴ・イマジネーションの世界で迫ってくるさまざまな火の試練に対して、いったいどう応じればよいのか、折衝につぐ折衝のためにぎりぎりの状態になっており、一瞬一瞬の判断と対処に汲々としていた。外界のできごとに対してはすっかりお留守になってしまうくらい、まったく余裕がなかった。イマジネーションの世界に没頭している状態だったのである。

外界で連続して起きる火事と内界での恐るべき火にまつわる経験との間にある連関に私が気づき、そこに伴っている意味を意識化すると、私の周囲での火事の発生はピタリとやみ、アクティヴ・イマジネーションのなかでの火のイニシエーションも終わりを迎えた。これもまた不思議なことで、そのこと自体、もう一つの共時的現象と考えてもよいくらいである。

この共時的現象の渦中にいた当の本人として、その何週間かにわたる日々を振り返ってみたとき、ふだんといちばんちがっていたとあらためて強く思うのは、「今ここ」への集中の度合いである。アクティヴ・イマジネーションの世界における「今ここ」は高濃度に凝縮されている。展開が佳境にはいると、イマジナー、つまり「私」の一挙手一投足が次の瞬間の死命を決すると言っても過言ではない。

外界で起きていた現象と内界での「今ここ」への集中との間には、もちろんのこと、因果的な連関は考えられない。しかし、双方向的な相関関係はありうるだろう。つまり、共時的現象が起きるときには「今ここ」への高度な集中が存在する傾向があり、同時にまた、「今ここ」への高度な集中があるときには共時的現象が発生する傾向がある、ということである。

なお、アクティヴ・イマジネーションと共時性の深いつながりに関して、ここでジョイント・アクティヴ・イマジネーションのことを述べておくことは有益だろう。この方法は、アクティヴ・イマジネーションの特殊型である。最も一般的なやり方としては、ふたりの人、通常はクライエントとセラピストが、面接室で別々に自分のアクティヴ・イマジネーションを行なう。

あとでお互いのマテリアルを比べてみると、内容に驚くべき符合が見られることがある。符合とまではいかない場合でも、自分の抱えている行き詰まりに対する何らかのヒントを相手のマテリアルのなかにはっきりと、もしくは漠然と感じることが少なくない。独力ではなかなか越えられないハードルを、そうしたヒントのおかげでようやく跳び越せたりするのだ。経験しないとピンとこないかもしれないが、まことに不思議にして精妙。このようにしてヒントを得ることは、一種、占いにも似ている。

占いが共時性を原理的な基礎にしていることはすでに説明した。ジョイント・アクティヴ・イマジネーションで経験される共時的な符合は、それまでの問題を打破するきっかけになりうる。ただし、アクティヴ・イマジネーションにおいても、占いにおいても、そこに現れた啓示や示唆をどこまで受け入れ参考にするかの判断は自我の仕事である。けっしてお告げとして盲信したり鵜呑みにしたりしてはならない。

「今ここ」とトラウマ

アクティヴ・イマジネーションが「今ここ」への集中において共時的現象の発生のための条件を備えていることを見てきた。「今ここ」への集中は、心的水準の低下と相俟って起きることが多い。瞑想をしたことのある人であれば、心当たりがあると思う。気持ちを落ち着けて心を解放しようとするなかで心的水準の低下が起きると、意識には「今ここ」しかなくなり、そのなかで過去への拘泥や未来への不安が消え去っていく。もちろん、一方では、元型的イメージが活発に動きはじめるので、強い情動的体験や深い宗教的体験も生じうるのだが。

続いて、トラウマと共時性についてである。何度も述べてきたが、キャンブレイが指摘しているように、トラウマを抱えている者には共時的現象が起きやすい（Cambray, 2009)。しかし、トラウマは基本的に過去のものである。「今ここ」の生と結びついているということは、にわかに理解し難いかもしれない。しかし、それでも、トラウマを抱えている状態は「今ここ」と密接なつながりがあるのだ。というのは、以下のようなわけである。

トラウマ、つまり心的外傷は、生命が危機にさらされるような重大で悲惨な経験によって生じる。たとえば、戦争や災害、虐待やいじめ、死の場面の不意の目撃などである。一般的なレベルの心の傷とちがって、そうした桁ちがいに悲惨な経験には、通常の心の自己治癒力が働きにくい。そのため、トラウマは、長い時間をかけても痂皮《かさぶた》ができてこない傷になっている。いつまでも血を流し続け、痛みが鎮まることがない。

　トラウマの影響として、しばしばＰＴＳＤ、すなわち心的外傷後ストレス障害post-traumatic stress disorderが発症することが知られている。ＰＴＳＤの主要な徴候として、過覚醒、回避傾向、再体験などがある。過覚醒は睡眠の障害、回避傾向はトラウマ体験を思い出させる状況に近づくのを避けることを指す。そして、再体験には、フラッシュバックと呼ばれる特徴的な現象がある。

　フラッシュバックとは、不意にトラウマ体験が生々しく脳裡に甦ってくる症状をいう。この現象は、その人の過去のトラウマ体験がなおも「今ここ」にあって、パックリと口を開けたままになっていることを意味する。すなわち、過去がいつまで経っても過去にならず、「今ここ」としてのリアリティを失わないのである。ＰＴＳＤに苦しんでいる人は、治らない傷によって「今ここ」に縛りつけられていると言えるかもしれない。

　一方、ＰＴＳＤにおいては解離と呼ばれる症状も顕著で、人格の同一性を保持することが難しくなることが多い。どのようにしても人格のなかに統合しえない、自我異和的な傷ついた部分は、やむなく人格の中心部分（主人格）から切り離され、小さな別人格（交代人格）として遠ざけられてしまう。つまり、人格を構成するさまざまな部分同士の結びつきが脆弱化し、多重人格を呈するようになる。

そこでは、一貫して流れる生の時間が失われている。つい先ほどまで表に現れていた人格は、今やもう一つの人格と入れ替わっており、次にはまた別の人格に取って代わられる。主人格や諸々の交代人格それぞれの間のつながりは基本的に乏しく、あたかもそのときどきに現れている、部分的な「今ここ」の人格しか存在していないように見える。つかのま現れてはたちまち消える「今ここ」の諸人格の集まりになっているのである。

ちなみに、トラウマを抱えている人たち、なかんずく低年齢層の人たちは、発達障害と見分けのつきにくい状態を呈することがある。たとえば多動やコミュニケーション不全などである。これは、たいていの場合、虐待された体験などがもとになって発生してくる愛着障害と呼ばれる問題の現れであり、そのため、環境が改善されれば比較的短期間で消失することも少なくない。

発達障害は、共時性と縁の深い発達系というあり方が極端になった場合に相当する。その特徴の詳細については次節に譲るが、やはりポイントは「今ここ」にある。発達系に似た状態を呈することがあるという点から推測すると、トラウマを負うという体験は、共時的現象を生起させる条件を二重の意味で提供しているのではなかろうか。

以上のように、トラウマには、「今ここ」的な生のあり方が濃厚に伴っていることがわかる。ＰＴＳＤに苦しんでいる人たちは、トラウマを負った瞬間と場所を生き続けることを余儀なくされている。つまり、時間的にも空間的にも制縛状態にあると言ってよいだろう。このことこそがトラウマを抱えている人たちに共時的現象の発生しやすくなる条件になっているものと考えられる。

共時的現象をめぐっては、ことほどさように、「今ここ」が注目に値する。しかし、「今ここ」を熱く、あるいは強く生きている人たちは、アクティヴ・イマジネーションをはじめとする瞑想の実践者やトラウマの被害者だけではない。もっと多数で、もっと当たり前に世の中に存在する、特徴ある一群の人たちがいる。もちろん、その人たちにも共時的現象がしばしば起きる。今しがた出てきた、発達系と呼ばれる人たち（老松，2014）である。次に彼らについて考えてみよう。

「今ここ」と発達系

発達系とは、人格系と対になる概念で、ある共通の特徴を一定程度以上持っている人たちを指す。その「ある共通の特徴」を極端に強く持っている場合は、発達症または発達障害と呼ばれる。しかし、それがマイルドなら、障害と呼べるものではなく、いわゆる健常者となる。健常者ではあるが、その「ある共通の特徴」の片鱗を有している。障害者から健常者までを含むこうした一群を発達系と呼ぶ。

発達系の人は多数派とまではいかないかもしれないが、けっして珍しくはない。一〇名の人間がいたら、そのうち数名は発達系に属していると思う。ただし、その純粋型ともいうべき人は、理念の上でしか存在しない。つまり、実際のところ、発達系的な「ある共通の特徴」だけから成る人はいないのである。一〇〇パーセントということがないなら、いったい何が入り混じっているのか。それは人格系的な特徴である。

人格系もまた、（発達系とは別の）「ある共通の特徴」を持っている一群の人々を指す。おそらくは、たいていのところで多数派となっている。人格系の「ある共通の特徴」を極端に強く持っている場合にはパーソナリティ障害ないしは人格障害と呼ばれるが、マイルドなら健常者である。ただし、やはりその純粋型は存在しない。発達系的な特徴が皆無にはならないからである。

要するに、人は誰でも、発達系的な特徴と人格系的な特徴とを持っている。両方をさまざまな割合で併せ持つハイブリッドである。したがって、人間の集団は、より発達系的な色合いの強い極から、より人格系的な色合いが強い極へと連なる、一つのスペクトラムを構成している。本来、発達系と人格系は足りない部分を補い合える関係にあるのだが、実際には、むしろコミュニケーション不全や相容れなさが顕在化しやすい。濃い発達系の人と濃い人格系の人の場合、とりわけそうなりがちである。

では、発達系の特徴、人格系の特徴とは何か。説明の都合上、さきに人格系の特徴から述べる。ただし、人格系は「今ここ」とは無関係なので、ごくごく手短かにしておく。典型的な人格系は、誤解を恐れずに言いきってしまうなら、普通の人、常識的な人である。見捨てられによるダメージに弱いので、つねに周囲からの評価を気にしながら、過剰適応気味に暮らしている。

一言で言えば、若干の自己愛の傷つきを抱えて生きている人のことである。ここでの「自己愛」とは、自分をあたりまえにたいせつに思えること。最前も述べたように、極端な場合には人格障害（パーソナリティ障害）となり、自己愛性人格障害と呼ばれる。しかし、自己愛の傷つきは、程度がマイルドなものなら誰にでもある。だから、そういう意味で、人格系は「普通の人」である。

人格系の悩みは尽きない。つねに過去を思い煩ったり未来への不安を感じたりしながら、矛盾と葛藤に苛《さいな》まれている。神経症的と表現してもよい。大きく逸脱するような行動はせず、まわりからすれば信頼が置けるが、そのかわり、よい意味で大化けすることもない。緩やかな登り坂を進むがごとくに向上していくのをモットーとしており、基本的に地道な努力型である。おもしろ味や豪快さはあまりない。

一方、発達系は人格系とは対照的である。いつも「今ここ」に集中している。その徹底ぶりは半端ではない。だから、基本的に、目の前のことしか目に入っていないのである。自分がそこでなす判断や行為が先々いかなる結果を引き起こすかということまではなかなか思いが至らないため、あまり葛藤も生じない。しかも、その集中は長続きしないのがふつうである。

つまり、発達系は、衝動的、爆発的、本能的、反射的に行動し、その行動にはまとまりや一貫性が乏しいことが多い。それゆえ、成長という言葉にはあまり縁がないこともある。人格系が長い坂道を登っていくかのように成長するのに対して、発達系は、成長することがあるとすれば、その軌跡は階段状になる。ずっと変わりばえすることなく経過しているが、あるとき、不意に跳躍する。ジャンプ・アップするのである。

以上のように言うと、発達系は頑固で径行直情で、なにか危険な人物だと思われてしまうかもしれない。しかし、それはちがう。たしかに、ある意味で、人格系は「大人」、発達系は「子ども」なのだが、発達系の特徴が肯定的に発現することも少なくない。発達系はたとえば、圧倒的な勢いで迷うことなく事を成し遂げる、並はずれた実行力を持っていたり、豪快で情に厚い親分肌であったりする。ときには、裏表のない、開けっぴろげな天真爛漫さが、暗く沈んで悩んでいる周囲の者にまたとない癒しを与える。

それだけではない。発達系には、一芸に秀でた天才的な人物も多い。勘が鋭く、豊かな閃きと洞察に恵まれている。それゆえ、他の追随を許さないようなユニークな芸術家になったり、大きな企業を率いるやり手の経営者になったりするだろう。さらには、深い宗教性を備えている場合もあり、啓示を受けることさえあるので、新たな宗派を作ったり、既存の宗派のトップに君臨したりもする。

さきほど、人格系が坂道を登るように成長し、発達系は階段状に成長する、と述べた。人格系は連続線上を地道かつ着実に前進していくことができるが、もしもその道に裂け目があって深い奈落が口を開けていたとしたら、そこで前進が止まってしまう。しかし、発達系であれば、目の前にどれほどの深淵が横たわっていたとしても、まったく意に介すことなく一気に跳び超えていくだろう。「死と再生」のイメージに代表されるような、人格の根本的な変容が可能なのは、じつは発達系のほうである。

発達系と人格系はわかり合うのが難しいことが多い。人格系から見ると、発達系は傍若無人で無神経に感じられる。逆に発達系からすると、人格系は規範や常識にうるさく、慇懃無礼かつ狡猾で、数にものを言わせて抑圧的に接してくるように感じられる。ときには、わがまな発達系に対してお世話係りの人格系といった構図になってしまう。さもなくば、少数派の発達系が多数派の人格系によって排除されることもある。しかし、人格系の行き詰まりを打開してくれるのは発達系の閃きと馬力だし、発達系の持ち前の天才を開花させる状況を作ってくれるのは人格系にほかならない。

発達系と考えられる著名人は非常に多い。というよりも、世の中で名を成すような人は、たいてい発達系の特徴である直観と行動力を有しているのである。たとえば、私は旧著で、文学者として宮澤賢治、斎藤茂吉、学者として南方熊楠、宗教家として出口王仁三郎を取り上げ、その生涯と仕事について論じた（老松, 1999, 2014）。これらの人たちは典型的な発達系と見てよい。その他にも、ルイス・キャロル、フョードル・ドストエフスキー、アントニオ・ガウディ、岡本太郎、田中角栄……、といくらでも出てくる。枚挙に暇がない。

なお、発達系、人格系という語を二つの水準で用いたので、少しわかりにくかったかもしれない。一つはいわばイデアのようなものとしてのそれ、そしてもう一つは現実にいる存在としてのそれである。煩雑になるが、両者を区別して説明するとすれば、発達系（現実にいる存在としての）は、発達系（イデアとしての）的な要素を比較的多く備えており、人格系（イデアとしての）的な要素は比較的少ない。一方、人格系（現実にいる存在としての）は、人格系（イデアとしての）的な要素を比較的多く備えており、発達系（イデアとしての）的な要素は比較的少ない、ということになる。

なお、発達系が人格系と対になるように、身体系と心《こころ》系という対についても私は考えている。前著『身体系個性化の深層心理学』(老松，2016) で論じたように、個性化には、主として身体を介して進むルートと心を介して進むルートの二つがある。従来、個性化といえば、心系のそれのことだった。身体系個性化についてはあまり考えられてきていない。身体系個性化を選ぶ人はかなりの割合が発達系ではないかと思うので、ここに付言しておく。身体が「今ここ」のリアリティそのものであることは言を俟たない。

発達系とイントラ・フェストゥム的存在構造

発達系の特徴を思いつくままに書き連ねてみたが、おおまかにイメージしてもらえるようになっただろうか。重要なところはだいたい漏れなくあげたつもりである。しかし、ただ羅列するだけではつかみにくい部分もあるかもしれない。そこで以下に、旧著 (老松，2014) でも示した、発達系の諸特徴の全体を網羅的に理解することを可能ならしめる一貫性のある視座を提示しておこう。それが「今ここ」の理解に直結すると思うからである。

この目的のために援用するのは、てんかん者のあり方に関して積み重ねられてきた精神病理学的な知見である。そのような知見をここで持ち出すのには、いくつかの理由がある。その一つは、発達障害にはてんかんを伴う場合が少なくないことである。そして、両者には疫学的に大きな重なりが見られるだけでなく、臨床的な観察から感じられるあり方そのものが似通っていることがあげられる。

つまり、私自身を含めて、精神科医が初対面でてんかん患者と会うとき、もしもてんかん発作があるという情報がなかったら、発達障害と診断することがかなりの高率でありうると思うのである。てんかんはてんかん発作があってはじめて、そうと診断される。てんかん発作のもとは脳の異常興奮であり、必ず脳波異常が見られるわけだが、ただ単に脳波異常があるだけではてんかんの診断を下すことができない。

そして、通常、てんかんと確定されたら、行動や性格傾向などはてんかんに付随するものとして理解するという慣習になっているため、それに対する別の診断がつくことはまずない。したがって、発作があるという情報があれば、てんかんと診断されるが、その情報が隠されていれば、行動や性格傾向をめぐって診断されるので、発達障害となる可能性がおおいに考えられるのである。

大胆すぎるほど単純化して言うなら、てんかんに対する本来の定義に反することにはなるが、てんかん発作のないてんかん患者が発達障害者と見なされているのではなかろうか。もちろん例外も少なくはない。ここではあくまでも典型的な場合を想定している。以上のことからすると、てんかん者のあり方に関する知見は、ここで発達系の特徴をまるごと理解するのにかなり有効と考えられる。

てんかん者のあり方に関する知見には、長い研究の歴史があるだけに、じつにさまざまなものがある。それらのうち、発達系のあり方を理解するのにとくに有効だと私が思っているのは、イントラ・フェストゥム的存在構造（木村，1980）、e因子（Szondi，1952）、中心気質（安永，1980）、森羅万象との融合（河合，1972，1987）の四つである。近年は生物学的な理解に偏りすぎているため、今や、これらの貴重な知見は忘れられかけている。そのことに警鐘も鳴らしておきたい。以下、それぞれについて簡単に説明する。

まずは、イントラ・フェストゥムである（木村，1980）。これは「祭のさなか」を意味する。対立する概念として、アンテ・フェストゥム、ポスト・フェストゥムがある。アンテ・フェストゥムは「前夜祭」、ポスト・フェストゥムは「祭のあと」といったニュアンスになる。「フェストゥム」については、生における非日常的状況とでも考えておけばよかろう。それに対する位置取りが三種類あって、人それぞれで異なっているとされる。

アンテ・フェストゥム的なあり方の人は、そのような状況に対する予感に支配されており、ただならぬ不安や喜びに打ち震えている。近い将来に世界は破滅するといった予感に怯える統合失調症者に典型的である。一方、ポスト・フェストゥム的なあり方の人は、そのような状況に対する後悔の念でいっぱいである。取り返しがつかないという感覚が強い。過ぎ去ったことをくよくよ悔やみ続けるうつ病者に典型的に見られる。

それに対して、イントラ・フェストゥム的なあり方は、てんかん、境界例、躁状態などに見ることができる。祭のさなかのような衝動や高揚感に満ちており、地に足がついていないような落ち着かない状態だが、てんかんを中心に考えるときには、そうした特徴の背景にある「今現在」への関心の集中という状態を押さえておくとわかりやすいだろう。

てんかん者の「今現在」への関心の集中という事態は、意識消失を伴う典型的な発作が起きるたびに生の時間の流れが分断される、という事実を思い浮かべれば理解できる。彼らの生の時間の流れは、通常のような、過去から未来へという一本の線にはなっていない。線のように見えても、実際には、無数の点の並びにすぎない。彼らにはつねに「今現在」しかなく、過去や未来とのつながりは薄い。

それゆえ、発達系はいつも目の前のことにとらわれている。目の前のことだけにこだわって動きがとれなかったり、逆に次々と関心が転導して、つまり目移りしてしまって落ち着きがなかったりする。その場の気持ちに駆り立てられ、あとさきを考えずに行動するので、盲目的な猪突猛進の活動になりがちである。しかし、爆発的な行動力を示したり、寝食を忘れて一心不乱に打ち込んだりして、他の追随を許さない圧倒的な成果を生み出すこともありうる。その日暮らしの生き方を好み、漂泊的な生涯を送ることも少なくない。

「今現在」あるいは「今ここ」のあり方には、興味深いパラドックスが見られる。じつは、それが発達系の大きな特徴の一つになっている。パラドックスとは、「今ここ」しかないがゆえに、過去も未来も、あちらもこちらも、こぞってその一点に流れ込んでくるということである。発達系には永遠と無辺を集めてしまう超越的な力がある、と言ってもよい。発達系を人格系に対比させて「神」格系と呼んでもよいくらいである。

それは深い宗教性につながっていく。永遠と無辺を一身に引き受け、いっさいがっさいを双肩に担っているのだから、当然のことだろう。極端な発達系の人たちの場合、日常の何気ない言葉にも素朴で神さびた味わいがあることが少なくない。伝記を読んでみると、一つの宗教や宗派を立てたような人たちには発達系の特徴が色濃く見られることが多い。

発達系とe因子、中心気質、森羅万象との融合

てんかん者における衝動性と宗教性は、ソンディ Lipot Szondi（一八九三～一九八八年）による運命分析学と呼ばれる深層心理学においても注目されてきた（Szondi, 1952, 大塚,

1974)。ソンディ心理学では、さまざまな場面での選択が人の運命を決定すると考えるのだが、その選択に影響を与える衝動の性質として八つの因子(衝動因子)がある。その諸因子が織りなすさまざまなパターンは、親から子へ、子から孫へと受け継がれていくと考えられている。八つの衝動因子の一つがe因子である。eはEpilepsie（てんかん）の頭文字に由来する。この因子には、「怒りと宗教性」という両極がある。つまり、e因子の強い影響下にある人は、それを憤怒として生きたり、深い宗教性として生きたりする。ソンディはこの特徴を、てんかん者として知られるドストエフスキーの家系を引き合いに出して説明している（Szondi, 1952, 大塚, 1974)。

ドストエフスキーの家系を調べてみると興味深いことがわかる。この家系はたくさんの聖職者を輩出しているが、それと同じくらい多数の殺人犯も生み出しているのである。殺人の背景をなしている激しい怒り、聖職者が体現している深い宗教性。この怒りと宗教性という両極がドストエフスキーの根幹を形成していることをソンディは指摘する。

そして、e因子の怒りを象徴する像として旧約聖書のカインを、また宗教性を象徴する像として同じく旧約聖書のアベル（アベル化したカイン）を、のちにはモーセをあげている。カインは、神から冷遇されたことによる憤怒から、厚遇されていた弟のアベルを殺害した、「創世記」中の人物である。モーセは、言うまでもなく、エジプトで捕囚となっていたユダヤ人を解放して神の約束の地へと導いた、ユダヤ教の宗教的指導者である。

ソンディはｅ因子に関係の深い特徴をいろいろあげている（Szondi, 1952, 大塚, 1974)。一部をあげてみよう。曰く、その宗教性は倫理を重んじるので、怒りが義憤のかたちをとることも多い。土、水、火といった元素的なものへの親和性が高い。移動を好み、そういう職業に就きがち（運転士、配達業など）。職業選択としては、もちろん宗教家も。啓示を受けるくらい豊かな直観力に恵まれている。自殺の手段としては焼身自殺が多い、等々。

発達系の特徴と照合してみよう。発達系は、さまざまな行動上の倫理、ルール、決まりを独自に作り出し、固守していることが多い。それがしばしば独善的なものであるためトラブルの種になるが、本人は周囲のいい加減さに怒り心頭である。また、土や水によるぐちゃぐちゃを好み、ときに芸術などに才を発揮する。鉄道が大好きなことが多い。勘がよく、ギャンブラーになることもある。新分野を開拓したり一代で財を成したりすることも。発達系が、宗教性以外の面でも、ｅ因子と重なる特徴を持っていることがわかる。

次に中心気質だが、これは、さまざまな性格が発展してくるその源にある、万人に共通の気質を指す（安永, 1980)。中心気質の「中心」とは、その意味である。中心気質をイメージするには、七～八歳くらいの天真爛漫な少年を思い浮かべればよい。昼間、思う存分動き回ったら、あとは明日を心配することも、昨日をくよくよ思い煩うこともなく、幸せに眠る。

つまり、中心気質を特徴とするてんかん者には、素直な子ども性がそのまま残っているということになる。このことは、発達に凸凹があったり遅れがあったりしがちな発達系にも当然あてはまる。実際は必ずしも「素直」とはかぎらないが、その場合には、子どもじみているということが多いのではなかろうか。

最後に「森羅万象との融合」（河合、1972、1987）だが、これは「受身の外向性」「環境との無媒介のかかわり」「原初的エロス」という三つの側面から成るとされている。「受身の外向性」とは、外界からの刺激による内的な反応がそのまま表出されることをいう。つまり、自身の外と内とを隔てる障壁が薄い。相手の様子を見たりしながら自分の反応をコントロールして出す、ということができない。そのストレートな物言いで相手を傷つけることも多い。

「環境との無媒介のかかわり」は、まさしく「森羅万象との融合」の中核をなす特徴である。自然児のような自然に近い生き方になることもあるし、風や光や動植物の見せる微妙な表情に強いリアリティを感じることもある。宮澤賢治を思い出してもらうとよい。賢治は『注文の多い料理店』の序で、「これらのわたくしのおはなしは、みんな林や野はらや鉄道線路やらで虹や月あかりからもらつて来たのです」と述べている（ちなみに、賢治が、詩集『春と修羅』の激しい憤りを生きており、また熱心な法華経信者でもあったことに注意されたい。「怒りと宗教性」である）。

「原初的エロス」は異性像が未分化であることを示している。極端な発達系の人は結婚しないことも少なくない。そして、しばしば、お母さんのことがいつまでも大好きである。結婚したとしても、面倒をあれこれみてくれるお世話役をパートナーにしていることが多い。母親との結びつきが強いことから、夫婦の関係性にはよく問題が生じる。

ここまでにあげた発達系のさまざまな特徴、すなわち、イントラ・フェストゥム的な永遠と無辺への親和性、e因子の影響下にある超越的存在との深い宗教的合一感、いっさいが萌芽状態として保たれている中心気質的な未分化さ、自然と無媒介に直接的に交感し意味や物語を見出す「森羅万象との融合」といった点は、いずれも「今ここ」的なあり方を示すものである。共時的現象を考えていく際のよいヒントになると思う。

第五章　共時性の元型的基盤

占うスサノヲという元型的モデル

本章では、共時性の元型的な基盤について検討したい。元型的な基盤とは、神話上のモデルのことである。神話は人間の生に方向づけを与える。自我は、遠い昔はもちろんのこと、今現在に至っても、元型から生み出された何らかの神話に同一化して生きている。たとえ、そうと気づいていなくても、事実はそうである。

同一化できる神話がないと、自我は脆弱で不安定である。しかし、活性化された元型の動き、つまり神話に乗っかれば、かなりの程度やっていけるのだ。たとえば、思春期には「永遠の少年《プエル・エテルヌス》」という元型が活性化される。臘でくっつけた翼で太陽へと飛翔し墜落するイカロスの物語などを典型的活動パターンとする元型である。思春期の子どもは、この元型の神話に同一化することで、おとなになる直前の不安定な時期を乗りきることができる。

私たちは、共時性に関して、そのようなモデルを知っておきたい。神話がこの古来変わることのない原理をいかに説明し、生にいかなる方向づけを与えてきたのか。そこが明確にならないと、どうにも心もとない。共時性にまつわる神を見出し、その神の物語が共時性とどう結びついているかを探ってみよう。

前章では、共時性と「今ここ」の深い結びつきを論じた。そして、「今ここ」の生の代表として発達系をあげたのだが、発達系について論じるとき私はいつもある神のことを取り上げてきた。スサノヲである。それを参考にできないだろうか。スサノヲは「今ここ」を生きるあり方を非常に鮮やかに開示してくれる。まさにイントラ・フェストゥムである。しかも、じつは、この神には共時性とのつながりを示す神話が伴っている。

その神話とは、スサノヲとアマテラスとの間でなされた「誓約《うけい》生み」にまつわるくだりである。「誓約《うけい》」は、「誓約《せいやく》」とは異なり、古代にさかんに行なわれていた占いの方式を指す。ちなみに、占《うら》は「裏」に由来し、隠されている神意を現れた象によって明らかにする行為をいう。民俗学者、折口信夫は「誓約《うけい》」について以下のように説明している。

> 或願ひの筋が叶ふか叶はぬか、若し、叶ふならば、願ひが叶ふと言ふ證《しるし》に、何某の物が、其の状態になるに違ひない、と信じてゐたのが、古代の人である。その信ずるに足る證據《しょうこ》を見ようとして、其の物を誓ひに立てるのがうけひである。（折口，1930）。

なお、古代のわが国では象を「ほ」と呼んでいた。字をあてるのであれば象や秀となる。同じく折口によれば、神は言葉を発する前には「しじま」を守っており、あるとき「ほ」で神意を示す（折口、未発表）。それゆえ、何か注意を引くような事象が起きた場合、それを神の「ほ」と見なして、その意味するところを知ろうとした。つまり、そこに「裏」があり、隠された神意があるのである。

「誓約」は日本書紀における表記であり、古事記では「宇氣比」となっている。そして、ここでは「誓約生み」と呼ばれる方法がとられたわけだが、他にもたとえば、神意が夢で伝えられることを請うて眠り、見た夢の内容からことを決定する「誓約寝」、やはり神意を確かめるために狩りをする「誓約狩り」などがある。スサノヲが提案した「誓約生み」では、現れた象によってスサノヲの心の正邪を判定することになっている。この場合の象は、スサノヲとアマテラスがそれぞれに生む子どもの性質である。

一般に、誓約の手続きにおいては、神意がこう現れてほしいと強く望むとともに期待もしている。そして、象によってあとの成り行きが大きく左右される。このことを考えると、誓約には占いの意義があるのにくわえて、一種の賭け事としての性格も備わっているように感じられる。運命を間に置いた神との遊びへの熱狂、つまりギャンブルが発達系と無縁でないことは前章でふれたとおりである。

また、占いが共時性の原理と不即不離の関係にあることは第三章で詳しく述べておいた。そもそもユングがパウリとの共著（Jung, Pauli, 1952）において共時性の概念を世に問うたとき、その論証のために、自身の執筆した全四章のうちの一章をまるごと割いて取り上げたトピックが占星術にまつわる調査だった。共時性を検討していくうえでユングがまっさきに話題にしたほど、占いは重要な位置を占めている。スサノヲという共時性の元型的イメージを考えていくにあたっては、占いの本質に注意を払う必要があろう。

次節以下では、荒ぶる神、スサノヲにまつわる神話を、その足跡に沿ってたどっていく。しかし、神話というものは魔術的因果論でいっぱいである。そこからほんとうの意味で共時性にまつわる部分を抽出することは困難を極めるが、スサノヲが発達系の「今ここ」を象徴する神格であることを丁寧に確かめながら、私たちにいかなる元型的基盤を提供してくれるのかを検討してみたい。

スサノヲと発達系のあり方

スサノヲは発達系のあり方を象徴する神である。まずは、スサノヲにまつわる神話を紹介しておこう。それは、女神イザナミの神生みからはじまる。イザナミは、火の神カグツチを生んだときの火傷がもとで落命し、黄泉《よみ》の国に神去《かむさ》った。夫であるイザナギは、亡き妻を連れ戻すために黄泉の国を訪れるが、奪還に失敗し、地上に逃げ戻ってきた。

イザナギは、黄泉の国に行ったために被った罪と穢れを祓うため、川で禊ぎをした。その際、左目を洗うとアマテラスが、右目を洗うとツクヨミが、鼻を洗うとスサノヲが生まれた。イザナギは喜び、アマテラスには高天原を、ツクヨミには夜の国を、スサノヲには海原を治めるよう命じる。しかし、スサノヲは鬚が胸もとに伸びるまでになっても、激しく「哭《な》きいさちる」ばかりで、いっこうに務めをはたそうとしない。そのため、世の中には災いが満ちあふれてしまった。

イザナギが泣くわけを問うと、スサノヲは、根の国（黄泉の国）にいる亡き母親のもとに行きたくて泣いていると答えた。怒ったイザナギはスサノヲを追放してしまう。スサノヲは、高天原の姉アマテラスに別れの挨拶をしてから根の国に降ろうと思い、高天原に昇っていく。しかし、それによって世界が激しく震動したため、アマテラスは乱暴な弟が高天原を乗っ取りにきたと思い込み、武装して迎え撃とうとする。

しかし、スサノヲは邪心のないことを主張し、誓約生みでそれを証明することになる。その結果、スサノヲの潔白が明らかとなるが、この荒ぶる神は「勝ちさび」（勝ちに乗じて）、高天原で乱暴狼藉におよぶ。ワカヒルメという女神に性的な乱暴をして傷つけたことさえ暗示されている。アマテラスは天岩屋戸に籠もってしまい、世界は暗闇となる。困った八百万《やおよろず》の神々が一計を案じ、アマテラスは外に引き出され、スサノヲは罪ともどもに高天原から追放される（図8）。

蓑笠姿で漂泊していくスサノヲは、葦原中国《あしはらのなかつくに》の出雲に降り立つ。そして、濃厚な酒を呑ませるという策略《トリック》でもって、恐るべき怪物、八岐大蛇《やまたのおろち》を退

図8　須佐男命《すさのおのみこと》の追放（河鍋暁斎）（島田，2009より）

治。生け贄になろうとしていたクシナダヒメを救って、結婚することになる。そのときにスサノヲが詠んだ歌、「八雲立つ／出雲八重垣妻籠《つまご》みに／八重垣作る／その八重垣を」は、わが国最初の和歌とされている。

次にスサノヲが登場するのは、七世の孫とされるオホナムヂ（のちのオホクニヌシ）のイニシエーションの場面になる。兄神たちに殺された弱々しいオホナムヂは、母神の手で根の国のスサノヲのもとへ送られる。スサノヲは根の国の主宰神となっていた。スサノヲはオホナムヂに数々の試練を与える。オホナムヂはそれを潜り抜け、スサノヲから神宝と娘スセリビメを奪って脱出していく。スサノヲはオホナムヂを祝福し、以後オホクニヌシと名乗れと呼びかける。

以上がスサノヲ神話の粗筋である。スサノヲは、鬚が胸もとに達するまで亡母を慕って泣きじゃくるなど、母親との密着を見せて発達を拒んでいる。発達系の特徴がまことに色濃い。スサノヲのふるまいで世界に災厄が満ちあふれることからは、スサノヲと世界との神秘的な融即も窺える。そこには、「世界との無媒介の関わり」(河合，1972，1987）がある。

スサノヲの移動に伴って世界が震動することにも融即が見られるが、これは全身の痙攣発作を連想させる点が非常に印象的である。高天原では「吾は邪き心なし」と言い放ち、邪心のなさをそのまま証明するなど、まったく無垢で無邪気。「中心気質」(安永，1980）と呼ばれる、子ども性のかたまりと言ってよい。

一方、「勝ちさび」に見られるように、占いに勝った喜びが沸き立ち、圧倒的な高揚感のなかで激しい破壊行動をして、その衝動性はとどまるところを知らない。屎尿を撒き散らすなど、ぐちゃぐちゃ大好きである。まさに祝祭的、非日常的な状況を生きており、文字どおりのイントラ・フェストゥム。内界がストレートに外界に表出される、「受身の外向性」(河合, 1972, 1987) の現れと見ることもできようか。

また、高天原でのスサノヲのふるまいは多分に性的な色合いを帯びているのだが、その対象となったワカヒルメは、姉アマテラスの像とあまり分化していない。この箇所は、以前から、母親に対するスサノヲの強い思慕がアマテラスに向けられたものと解釈されてきた。ここに「原初的エロス」(河合, 1972, 1987) の現れを見出すのはたやすい。同時に、母親からの見捨てられに伴うトラウマの存在も暗示されている。

高天原で撒き散らした罪と穢れをいっさいがっさい背負って落ちのびていくスサノヲは、移動が大好きで放浪の旅に出たがる発達系の特徴と合致する。スサノヲは民俗学的には、定住社会(人格系を中心とする)の外側にいて、ときに幸いを携えて訪れては罪穢れを持ち去る、漂泊の芸能民や旅の宗教家の原像とされている(折口, 1930/1931)。明日をも知れぬ生とともにあるその特徴的な宗教性は、「今ここ」に集中している発達系のそれである。

葦原中国のスサノヲは大蛇退治をする英雄となったが、そのとき巧妙なトリックを用いた点は注目に値する。クームスらが共時性におけるトリックスターの活動を指摘していた(Combs, Holland, 1996)のを思い出してほしい。さらに、和歌の祖となったスサノヲは、ときに発達系が闡明《せんめい》に満ちた芸術的才能を迸らせることを連想させる。私はそのような発達系の特徴を「童謡《わざうた》の人」と呼んでいる（老松，2014)。童謡《わざうた》とは、意図されぬ啓示が含まれる無邪気な歌謡のことをいう。

その後、スサノヲの行方は杳《よう》として知れなくなり、七世の孫とされるオホナムヂ（のちのオホクニヌシ）が送り込まれた根の国で、そこの怪物的な主宰神として君臨していることがわかる。そして、オホナムヂに数々の厳しい試練を与えて鍛え上げ、オホクニヌシ（葦原中国の支配者）へと変容するイニシエーションの導師の役割を担った。

スサノヲは、根の国で昼の人から夜の人に変わっている。葦原中国からどのようにして根の国に至ったのかは謎である。まったくもって、高天原のスサノヲ、葦原中国のスサノヲ、根の国のスサノヲのちがいには驚かされる。坂道状ではなく階段状に変容を遂げるのは発達系の特徴だった。発達系の変容は、底知れぬ奈落をやすやすと超え、その前とはまったく異質な状態や境位をもたらす。まったく別の時空に非因果的に遷移するのである。

この予測し難い飛躍が生じる「今ここ」には、あたかも過去と未来、近くと遠くが折り重なっているかのようである。こうした階段状の変貌ぶりは本質的に不合理であり、それ以前の何らかの原因の結果として理解するのは難しい。やはり共時的な性格を持つ変容と考えるべきではなかろうか。

誓約生み

スサノヲがアマテラスに誓約生みという占いを提案する展開は、この神が共時性を象徴する元型的イメージであることを端的に示している。アマテラスの誤解を解くためには、誓約生みが必要だった。共時性を検討していくにあたって重要なところなので、古事記の記述を見ておこう（以下、古事記からの引用はすべて、次田真幸全訳注、『古事記（上）』による）。

> かれ、ここに速須佐之男命言《まを》さく、「然らば天照大御神に請《まを》して罷らむ」とまをして、すなはち天《あめ》に参上《まゐのぼ》る時、山川悉《ことごと》に動《とよ》み国土《くにつち》皆震《ゆ》りき。ここに天照大御神聞き驚きて詔《の》りたまはく、「我《あ》がなせの命の上《のぼ》り来る由《ゆゑ》は、必ず善き心ならじ。我《あ》が国を奪はむと欲《おも》ふにこそあれ」とのりたまひて、即ち御髪《みかみ》を解き、御《み》みづらに纏《ま》きて、すなはち左右の御みづらにも御鬘《みかづら》にも、左右の御手《みて》にも、各八尺《やさか》の勾璁《まがたま》の五百箇《いほつ》のみすまるの珠を纏《ま》き持ちて、そびらに

は千入《ちのり》の靫《ゆき》を負ひ、ひらには五百入《いほのり》の靫《ゆき》を附け、亦いつの高鞆《たかとも》を取り佩《お》ばして、弓腹《ゆはら》振り立てて、堅庭《かたには》は向股《むかもも》に蹈みなづみ、沫雪如《あわゆきな》す蹶《く》ゑ散《はらら》かして、いつの男建《をたけ》び蹈み建《たけ》びて待ち問ひたまはく、「何の故にか上《のぼ》り来つる」と問ひたまひき。

ここに速須佐之男命答へて白《まを》さく、「僕《あ》は邪《きたな》き心なし。ただ大御神の命《みこと》もちて、僕《あ》が哭《な》きいさちる事を問ひたまひし故に白《まを》しつらく、『僕《あ》は妣《はは》の国に往かむと欲《おも》ひて哭《な》く』と白しき。ここに大御神詔《の》りたまはく、『汝《いまし》はこの国に在るべからず』とのりたまひて、神やらひやらひたまへり。かれ、罷《まか》り往かむ状《さま》を請《まを》さむとおもひてこそ参上《まゐのぼ》りつれ。異《け》しき心なし」とまをしき。

アマテラスは武装し、猛々しくスサノヲを迎え撃とうとする。山河がことごとく鳴動し、国土がみな揺れたのだから、それも当然ではある。「わが弟がここに昇ってくる理由は、きっと善良な心からではあるまい」と考えるアマテラスに対して、スサノヲは「私には邪心はない」と明言し、ことの経緯を説明する。そして、「謀反を起こす気持ちなどない」と重ねて伝えている。ここからが誓約生みの段になる。

ここに天照大御神詔《の》りたまはく、「然らば汝《いまし》の心の清く明《あか》きは、いかにして知らむ」

とのりたまひき。ここに速須佐之男《はやすさのをの》命答へて白《まを》さく、「各《おのおの》うけひて子生《う》まむ」とまをしき。かれ、ここに各天《あめ》の安河《やすのかわ》を中に置きてうけふ時に、天照大御神先《ま》づ建速須佐之男《たけはやすさのをの》命の佩《は》ける十拳剣《とつかつるぎ》を乞ひ度《わた》して、三段《みきだ》に打ち折りて、ぬなとももゆらに天《あめ》の真名井《まなゐ》に振り滌《すす》きて、さがみにかみて、吹き棄《う》つる気吹《いぶき》のさ霧に成りし神の御名《みな》は、多紀理毘売命《たきりびめのみこと》、亦の御名は奥津《おきつ》島比売命《しまひめのみこと》と謂ふ。次に市寸島比売命《いちきしまひめのみこと》、亦の御名は狭依毘売命《さよりびめの》と謂ふ。次に多岐都比売命《たきつひめの》。

速須佐之男命、天照大御神の左の御みづらに纏《ま》かせる八尺《やさか》の勾璁《まがたま》の五百箇《いほつ》のみすまるの珠を乞ひ度《わた》して、ぬなとももゆらに天の真名井《まなゐ》に振り滌《すす》きて、さがみにかみて、吹き棄《う》つる気《い》吹《ぶき》のさ霧に成りし神の御名は、正勝吾勝勝速日天之忍穂耳命《まさかつあかつかちはやひあめのおしほみみのみこと》。亦右の御みづらに纏《ま》かせる珠を乞ひ度《わた》して、さがみにかみて、吹き棄《う》つる気吹《いぶき》のさ霧に成りし神の御名は、天之菩卑能命《あめのほひの》。

亦御鬘《みかづら》に纏《ま》かせる珠を乞ひ度《わた》して、さがみにかみて、吹き棄《う》つる気吹《いぶき》のさ霧に成りし神の御名は、天津日子根命《あまつひこねの》。また左の御手に纏かせる珠を乞ひ度して、さがみにかみて、吹き棄《う》つる気吹のさ霧に成りし神の御名は、活津日子根命《いくつひこねの》。また右の御手に纏かせる珠を乞ひ度して、さがみにかみて、吹き棄つる気吹のさ霧に成りし神の御名は、熊野久須毘命《くまのくすびの》。并せて五柱。

ここに天照大御神、速須佐之男命に告りたまはく、「この後《のち》に生《あ》れし五柱の男子《をのこご》は、物実《ものざね》我が物によりて成りき。かれ、自《おの》づから吾《あ》が子なり。先に生《あ》れし三柱の女子《をみなご》は、物実汝《いまし》の物によりて成りき。かれ、すなはち汝の子なり」と、かく詔《の》り別けたまひき。

みずからの潔白を証明するために、スサノヲはアマテラスに誓約生みを提案する。互いに、相手の持ち物（物実《ものざね》）をもとにして子を生み、どのように生まれたかによって、両者のうちどちらが神意に適っているか判定しようというのである。

そこで、まずアマテラスがスサノヲの剣を受け取り、噛みに噛んで吹き棄てると三柱の女神（宗像《むなかた》三女神）が生まれた。ついで、スサノヲがアマテラスの珠を受け取り、同じようにしたところ、マサカツアカツアメノオシホミミ、アメノホヒら、五柱の男神が産まれた。すると、アマテラスが、自分の物実から生まれた五男神がわが子、スサノヲの物実から生まれた三女神がスサノヲの子であると宣言する。

ここでは、十拳剣《とつかつるぎ》や珠などの物質を分解して唾や息と混ぜ合わせることで神々を生んでいる。唾や息に宿っている生命力によって、物質が生命を持つ。これは、旧約聖書の創世記における人祖の創造とも重なるところの多い、元型的な観念である。その人祖も、人間と呼ばれてはいるが本質的には神話的な存在であり、わが国の神話におけるカテゴリーでは神に分類してよいかもしれない。したがって、ここに見られる展開は、神話においてはわりあい一般的なものと言える。

スサノヲの正邪を判定する準備は整った。問題は判定の基準である。スサノヲが潔白ならこれこれの神が生まれ、邪ならしかじかの神が生まれる、というふうに因果論的に考えてよいかどうか。ここでは、誓約生みの手続きが、それなしには知ることのできない神意を明らかにするものであることを忘れてはならない。明瞭で確実な因果関係で結んでしまうと、神意の入ってくる余地などなくなってしまうのではなかろうか。

神意の判読

誓約生みの手続きを通して、アマテラスの御子神とスサノヲの御子神が化成した。そこに示された神意はどのようにして判読されただろうか。そして、いかなる事態に立ち至っただろうか。古事記はその場面を次のように語っている。

ここに速須佐之男命、天照大御神に白《まを》さく、「我《あ》が心清く明《あか》き故に、我が生みし子は手弱《たわや》女《め》を得つ。これによりて言《まを》さば、自《おのづか》ら我勝ちぬ」と云ひて、勝《かち》さびに天照大御神の営田《つくだ》の畔《あ》を離《はな》ち、その溝を埋《う》め、またその大嘗《おほにへ》聞こしめす殿に屎《くそ》まり散らしき。かれ然《しか》すれども、天照大御神はとがめずて告《の》りたまはく、「屎如《くそな》すは、酔《ゑ》ひて吐き散らすとこそ、我がなせの命《みこと》かくしつらめ。また田の畔《あ》を離《はな》ち溝埋《う》むるは、地《ところ》をあたらしとこそ、我がなせの命かくしつらめ」と詔《の》り直したまへども、なほその悪《あ》しき態《わざ》やまずてうたてありき。

天照大御神忌服屋《いみはたや》に坐《いま》して、神御衣《かむみそ》織らしめたまひし時、その服屋《はたや》の頂《むね》を穿《うか》ち、天の斑馬《ふちむま》を逆剥《さかは》ぎに剥《は》ぎて堕《おと》し入るる時、天の服織女《はたおりめ》見驚きて、梭《ひ》に陰上《ほと》を衝《つ》きて死にき。かれ、ここに天照大御神見畏《かしこ》みて、天《あめ》の石屋戸《いはやど》を開きてさしこもりましき。ここに高天原皆暗く、葦原中国悉《ことごと》に闇《くら》し。これによりて常夜《とこやみ》往きき。ここに万《よろず》の神の声《おとなひ》はさ蠅なす満ち、万の妖《わざわひ》悉に発《おこ》りき。

……

……かれ、天照大御神出でましし時、高天原も葦原中国も自《おのづか》ら照り明りき。ここに八百万の神共に議《はか》りて、速須佐之男命に千位《ちくら》の置戸《おきど》を負《おは》せ、また鬚《ひげ》と手足の爪とを切り祓《はら》へしめて、神《かみ》やらひやらひき。

スサノヲは、自分が心清いからやさしい女児が生まれたのだと解釈し、みずからの勝ちを宣言する。この神意の判読の根拠は、どうもよくわからない。単純に因果関係で考えるわけにはいかないのではなかろうか。というのも、この部分の伝承にはじつは異型があるからである。すなわち、日本書紀においては、スサノヲに男児が生まれたので邪心なし、と判定されている。

両者を比較したうえで、男児の名前が正勝《まさかつ》吾勝《あかつ》天《あめ》之《の》忍《おし》穂《ほ》耳《みみ》（まさに勝った、私が勝った、の意）であることなどを勘案して、日本書紀のほうを正伝、古事記のほうを訛伝と見る専門家が多いようである（次田，1977，西郷，1975）。しかし、書紀には、スサノヲの子とされた男神を、その後アマテラスが、自分の物実がもとなのだからわが子として養うと言って引き取るなど、不自然な後日談がある。

このような政治的にも重要と思われる箇所に異伝があることを単なる訛伝と見てよいものだろうか。私には、そうした事態が起きているという事実そのものが非常に印象的である。この箇所の話の流れが非常に記憶しにくかったために、伝承にちがいが生じたのではなかろうか。つまり、私としては、ここの展開に直線的な因果関係が乏しかったことの傍証と考えたいのである。

そもそも古事記には、こうなったらどちらの勝ち、こうであるならこうなれ、といった判定の基準があらかじめ述べられていない。日本書紀には述べられているのだが。この点はまことに奇妙である。誓約にまつわる神話のエピソードはほかにもいくつかあるが、いずれの場合も、あらかじめ判定の基準が明確に述べられている。もちろん、古事記においてもたいていはそうなのである。

たとえば、アメワカヒコが高天原から葦原中国にスパイとして遣わされたが、いっこうに帰らなかったために疑われ、反逆心があるなら当たれと「天の返し矢」を射られたくだり。

コノハナサクヤヒメが不貞を疑われ、潔白ならばお産がうまくいく、とみずから産屋《うぶや》に火を放ってお産をしたくだり。あるいはまた、忍熊王《おしくまのみこ》の誓約狩りのくだりなどもある。

スサノヲとアマテラスの誓約生みに関しては、神話を暗誦していた者が失念していたのだろうとか、省略したのだろうなどと言われているのだが、国の礎を明らかにし王権の正統性を主張しようとする公式の書において、こともあろうに語り部がこの重要な箇所を誦し損ない、編者もそれを見落としたなどと考えられるだろうか。だとしたら、それこそ、共時的な現象が起きたのだと思わざるをえない。神懸かった暗誦者のなせる業である。

以上のように考えると、邪心の有無と子どもの性別の連関に因果論的な見方を持ち込むのは不自然な気がしてくる。まさにそこには不可知の神意が入り込んでいるにちがいなく、もしもつながりがあるとするなら、非因果的な連関なのではなかろうか。スサノヲの誓約生みの段は、はじめに判定の基準が明らかにされていないがために、よりいっそうその感が強い。ほかにも誓約の神話があるなかで、ほかならぬスサノヲを共時性の元型的モデルと考えるのは、こうした理由からである。

異伝があるなかで、変わらない部分。そこに注目してみるのもよいかもしれない。変わらないのは、アマテラスとスサノヲに、合わせて八柱の子が生まれたことである。この点の重要性は、神話学者、西郷信綱などもつとに指摘していた（西郷，1975）。占いが数を土台としているとはすでに述べたが、八という完全数の出現をこの誓約生みに対する神意の発現と見なすなら、そこにこそ判定の根拠が隠されていたとも受け取れる。ただ、神話が象徴としての数を重視するのは常のことなので、これは推測の域を出ない。

勝ちさびと神やらい

誓約生みで潔白が証明されたスサノヲは、「勝ちさび」て、ありとあらゆる神聖冒瀆的、破壊的行為を繰り広げる。神聖冒瀆的な行為は天つ罪、その他の破壊的行為は国つ罪と呼ばれている。スサノヲはタブーを犯した悪の化身である。この乱暴狼藉のため、アマテラスが傷ついて天岩屋戸に引きこもったため、世界には災厄が満ちあふれる。

共時的現象の持つ暴力性によって罪と穢れが発生する。いや、正確には、それまで見えていなかった罪と穢れが露呈する、と言うべきかもしれない。スサノヲの神話は、その事情を明らかにしている。罪と穢れは、境界の侵犯によって発生する。つまり、タブーを破ったり、非日常的なリアリティにふれたりすれば、否応なく発生するものである。深層心理学的には、無意識的なものによる汚染を受けることに等しい。

無意識による汚染としての罪や穢れの発生を、私たち、心理臨床の専門家はつねに目撃している。ユングは、神々は病気へと姿を変えた、と述べた（Jung, Wilhelm, 1929）。文明の発達によって意識されることの少なくなった神々は、今やさまざまな病気となって顕現し、否応なしの意識化を強いてくる、というのである。文字どおり暴力的に襲いかかる心の病は、たしかに罪と穢れに満ちたものにも見える。

アマテラスはスサノヲからの乱暴を受けた。しかも、当のスサノヲには邪心がない。そのことを証した誓約生みを引っさげてのことだから、アマテラスは甘んじて受け入れるしかなかった。そのため、心を病んで引きこもってしまう。そのときアマテラスは、スサノヲ同様に、亡き母親への思慕や見捨てられた恨みと悲しみがみずからの胸の内にもあることを突きつけられていただろう（老松，1999）。

アマテラスは八百万の神々の働きによって再び力を取り戻すが、それに伴ってスサノヲは神やらいにやられる。つまり、追放される。共時的現象とともに姿を現したスサノヲは、アマテラスに無意識とのつながりを意識させると、再び姿を消す。このときのアマテラスの回復は、鏡の力のおかげである。アマテラスは、岩屋戸の外に偉い神さまが来ていると聞き、扉を少し開けてみた。そこには、たしかに偉い神さまの姿があった。しかし、じつは、それは鏡に映ったアマテラス自身の姿だったのだ。こうして、アマテラスはみずからの真の価値に気がついた。

深層心理学的には、これは、傷ついた自己愛（自分自身の価値を信じられること）の回復として説明できる（老松，1999）。猛々しくスサノヲを迎え撃とうとまでしたアマテラスの自己愛の傷が癒されたのは、いわゆる鏡映転移を通してである。鏡映転移とは、私という存在のありのままの価値を、私のたいせつな相手から、鏡に映し出すかのように照らし返してもらいたい、という強い願いである。自己愛の傷を抱えている人にはつねにそういう願いがあり、それが適切に満たされてはじめて回復する（Asper，1987）。

ところで、ここで私たちは、スサノヲの「勝ちさび」が誓約生みの判定に続けて起きたことに注目する必要がある。スサノヲの誓約生みが占いであり、さらに占いと共時性には密接なつながりがある、ということを前提として考えるならば、その直後に起きた「勝ちさび」は、共時的現象に付随する暴力的な側面を象徴していると見て差し支えあるまい。

共時性にはいかなる暴力性が伴っているだろうか。考えてみれば、私たちの人生は偶然によって大きく左右される。旅先でたまたまテロの現場に居合わせてしまったとか、劇場でたまたま隣に座った人に一目惚れしてしまったとか、偶然のできごとのために生の状況は一変する。その抗い難さに対して、そういう宿命だったのだ、それが運命なのだ、という説明がなされるだろう。私たちはこの説明を受け入れて従わざるをえない。

偶然のできごとは、しばしば非常に侵襲的、暴力的である。それによって人生が暗転するにしても、はたまた好転するにしても、私たちは圧倒されてしまう。考えたり悩んだりする暇もない。気がついたら、人生がすっかり変わっている。一瞬にして、無理矢理、生の進行方向が変えられてしまうのである。アマテラスの場合、そのような侵襲からの回復に役立ったのは鏡だけではない。高天原からのスサノヲの追放、神やらいも大きな役割をはたしたと考えられる。

全国の神社で六月末と一二月末に行なわれる大祓えという儀式がある。この儀式の目的は、この世に蓄積された罪と穢れを半年ごとに一掃することにある。そのときに奏上される「大祓えの祝詞《のりと》」には、スサノヲという名前こそ出てこないが、スサノヲの犯した天つ罪と国つ罪が列挙され、それらが根の国へと運び去られるさまが述べられている。

スサノヲはありとあらゆる罪と穢れの発生源となった。ただし、大祓えの背後にある神学においては、必ずしも悪の権化としてばかり見られているわけではない。むしろ、この世の罪と穢れを一身に背負って持ち去るという、誰もが嫌がる役割をみずから買って出た神として、その功績を讃えられてもいる。なんとパラドックスに満ちた神学であることか。

スサノヲがいかにして捕らえられたか、神話は語らない。天の岩屋戸から出てくるアマテラスが弟をどう思っているのか、神話は語らない。いうなれば、スサノヲは、なんとなく捕まり、おとなしく追放されていく。スサノヲは自身の罪と穢れのみならず、高天原にもともとと内在していた罪と穢れまで叩き出して持ち去った。スサノヲを共時性の元型的モデルと考えるなら、共時性は一方で罪と穢れの発生ないし叩き出しを、また他方でその浄化を担っていることになる。

別の言い方をすれば、突然の共時的現象に伴うタブーの侵犯や異界との接触が人の生に衝撃を与えるとともに、それに続く個性化の進展を導くわけである。どうしてほかならぬそのときにそうなるのか、誰にも説明できない。大なり小なり死と再生が生じる奇跡、不意に訪れる浄化の一瞬。世界の痙攣発作としての共時的現象とでも言うほかはない。

救いや癒しを携えて来訪し、罪と穢れを持ち去る。これは古来、マレビトと呼ばれる神々の特性と考えられてきた（折口、1930/1931）。あるとき不意に得体の知れぬ者（漂泊の神）が訪れて宿を乞い、歓待されれば幸いをもたらし、邪慳に扱われれば不幸に陥れる、というパターンである。このモチーフは世界中の神話に語られており、異人歓待の風習として残っている。

かつては、わが国にも、漂泊の芸能民や旅の宗教家がたくさんいた。彼らは獅子舞のような祝福芸を演じたり、暦を売ったり、祈祷をしたりしながら全国を旅して、毎年同じ頃に同じ家々を訪れ交流した。マレビトと同一視され、幸いをもたらし穢れを持ち去る役目を担っていたのである。

折口は、わが国におけるマレビトの原像としてスサノヲをあげている（折口，1930/1931）。それゆえ、マレビトの観念には共時性とのつながりもあると考えられるが、神話レベルでのマレビトとちがって、いま述べたような民俗レベルのマレビトは「時を定めて」訪れては去っていく神の謂いで、いつもの季節や例年の祭の日に現れる。しかし、共時的現象は一回限り。民俗レベルのマレビトの観念に含まれる反復性は、共時性に対するプリミティヴな理解である魔術的因果論が入り込んでいることとの影響かと思われる。

高天原からの追放ののち、スサノヲは葦原中国は出雲に降り立ち、怪物退治と神婚という英雄の偉業を成し遂げる。そして、その後は根の国の主宰神として、オホナムヂに対するイニシエーションの導師役を務める。この二段階の予測不能の変容については、すでに述べたとおりである。ここでは、発達系に特有の階段状の変容が共時的なものとして理解しうることだけをあらためて強調しておきたい。

第六章　元型的モデルから臨床へ

旅の仲間

前章では、共時性に関係の深い元型的な像としてスサノヲを取り上げた。スサノヲが共時性を動力源としているとさえ言えそうなことが神話を通してわかったと思う。このあたりで、臨床事例における共時的現象の実際を検討しておくとよいかもしれない。以下に、夢とアクティヴ・イマジネーションを通して分析を行なった事例を提示する。

私は前にも、アクティヴ・イマジネーションを続けるなかで興味深い共時的現象が発生した事例を詳細に報告したことがある（老松，2004b）。ぜひ、そちらも参照してほしい。かつて報告した事例は比較的ネガティヴな側面が目立ち、今回の事例は比較的ポジティヴな部分が前面に出ている印象があるので、両者が補い合って臨床的な共時性への理解に寄与すると思うからである。

今回の事例のアナリザンド、Oさんは六〇代はじめで、ある企業の重役のひとりである。

分析に取り組むことになったもともとのきっかけは抑うつ状態だったが、その危機を脱したあとも、Oさんは、自身の心の安寧を求めて分析を継続してきた。わりあい直観的にものごとを処理するタイプで、得手と不得手のちがいがはっきりしている。どちらかといえば発達系に属する人と考えられる。

Oさんの最近の悩みはうつではない。重役として、ある大きなプロジェクトを進めており、それ自体は順調である。しかし、これまでもそうだったのだが、いくら仕事を成功させても野心の火の鎮まることがない。そのため、ずっと希求してきた心の安寧を見出すことからは遠く、今のままではだめなのである。ともすれば野心の追求と安寧の希求との間で引き裂かれそうになり、えもいわれぬつらさを味わっていた。

Oさんはアクティヴ・イマジネーションのなかで長い旅をしてきた。ときにはひとりで、またときには連れとともに。X年に入ってからは、同年代の尼僧（真如《しんにょ》）と若い踊り子（舞《まい》）が旅の仲間である。Oさん自身は、一心《いっしん》なる名前の私度僧になっている。以下がある時期のアクティヴ・イマジネーションである。ここで紹介するシリーズの発端として見てほしい。共時性が問題になってくるのは、しばらくしてからのことである。

X年三月二二日

舞さんが「踊りたくなりました。踊っていいですか。踊り子をしていたときに神社でよく踊った踊りです。笛の音があればいいのですが」と言う。

真如「私が笛を吹きましょう。私は鳥追い女をしていたとき、練習して笛も吹いたのですよ。お金持ちの家の夜の宴会に招かれたときには、座興で笛を吹きました」。

私にはすでに真如の笛の音が聞こえているような感じがする。真如が笛を吹く構えをし、舞が踊る姿を取る。あたりはシーンとし、清らかで、ピーンと張りつめた雰囲気がみなぎる。

真如が笛を吹く。女の哀しみを底に秘めているような音色。舞はその音色に合わせて静かに踊りはじめる。みごとな踊りの所作だ。真如は舞の踊りに導かれて笛を吹いている。私は、舞が別れた母親のことを想い出しつつ踊っているのではないか、と想像する。

……舞が習得した踊りは、全国を旅する旅役者的な踊りである。古典的なそれの訓練を充分には受けていない。ただし、先輩の踊り子に古典的な踊りに習熟した者がいたようで、舞の踊りの基礎は古典的なものであり、それゆえきれいな所作で、それをもとにした自由な踊りなので、躍動感がよりいっそう引き立つ。

三月二三日

舞には神が降りているようである。どんな神なのかはわからない。舞が私の手を取り、踊りに誘う。……舞に手を引かれるままに体を動かす。そうだ、この感じだ。舞に刺激されて、体のなかから自然な動きが湧き上がる。真如の笛の音が柔らかくなる。先ほどまでは、ピーンと張りつめた甲高い笛の音だったが、今はお囃子のような柔らかくて軽い音色だ。私はひょっとこのイメージで踊る。舞はおかめなんだろうか。踊っていて愉快だ。小動物がやってきて、笛の音に合わせて体を動かしている。兎、狸、狐。そうだ、この踊りは春の訪れを呼び起こす踊りだ。冷たく凍った冬から暖かくて柔らかい春への移行を促進する踊りなのだ。私は春の太陽の柔らかくて暖かい光を想像しつつ踊る。

笛に合わせて踊るこの踊り子には古典の素養があり、神も降りてきたというのだから、この場は神聖な神遊びの庭になっている。能では、多くの場合、舞うのは神霊である。そして、能の笛、能管が、神霊を呼ぶ役割を担ったり、神霊が現れたことを示したりする。折口によれば、本来の舞いは踊りとは異なり、円運動を基本としている（折口, 1930/1931）。そして、古来、舞いはまぎれもなく神事だった。

闖入者《ちんにゅうしゃ》

さて、春の訪れを呼び起こそうとする神事の場に闖入者が登場する。

四月三日

真如の笛の音につられて、どこからともなく大男がやってきて、小動物たちといっしょに舞の踊りを見ている。私は踊りをやめて、また舞の踊りを見る。舞はおたふくの面をつけて、面白い仕草で踊る。陽気な踊りで、大男も体を揺すっている。大男が踊りはじめた。大仰で睨みをつけて、首を振る。舞は大男の目の前に立ち、大男の笑いを誘うような仕草をする。思わず大男が笑う。舞は大男の手を持ち踊る。大男も愉快そうな表情で、舞に合わせて踊る。

四月二〇日

真如は大男の踊る仕草に合わせるつもりなのか、笛を取り替える。土を練って焼いた笛だ。土笛の音は柔らかくて、しかも澄みきっていて、体の芯まで沁み入ってくる。真如の吹くゆったりとしたリズムに合わせて、私の体は自然に動く。大男も気持ちよさそうに、舞と手をつないで踊っている。舞が跳ねる仕草をする。私も跳ねてみる。私は跳ねながら、これが踊りだ、跳ねることで踊る感覚が湧き上がる、と実感する。大男は体が大きすぎて、跳ねようとするがうまくいかず、四股《しこ》を踏むような仕草になる。反閇《へんばい》のようだ。大男は足を踏みならす仕草が上手だ。

五月一〇日

真如の笛の音が小さく、そしてゆっくりになる。終わりのようだ。大男は去って行く。舞は踊り疲れて、その場に座る。私は踊っている間に感じた背中の温かみがまだ残っていて、その余韻を味わう。踊っている間に、私は真如と舞によりいっそうの親しみとかけがえのなさを感じ、私が魂を磨くことでこのふたりの女性を救うことになるのだと確信する。

状況からすると、この闖入者は神に等しい。大男は屈強だが、素朴で無邪気。ある意味で、スサノヲの子ども性に通じる部分を色濃く備えている。それは小動物たちが怖がらないことからもわかる。この大男の姿や仕草には、イマジナー（Oさん）自身の子ども的な部分、言い換えれば発達系のあり方に通じる部分があるにちがいない。

イマジナーと大男の同一性は別の部分からもわかる。イマジナーははじめ、ひょっとこのように踊っていた。そこに大男が現れ、イマジナーと入れ替わるように踊りはじめる。舞は、イマジナーが踊っていたときには「おかめ」としてイメージされていて、大男と踊るときには「おたふく」の面をつけている。「おかめ」と「おたふく」は同じである。イマジナーも大男も「おかめ」のパートナーになっている。

「おかめ・ひょっとこ」は、祭のなかでしばしば滑稽な仕草や性的な仕草で笑いを誘い、集っている者を一体化させる。そういえば、天の岩屋戸に籠もったアマテラスを引き出すきっかけとなったのも、アメノウズメの裸踊りを見て大喜びする八百万の神々の哄笑だった。子ども性は性的なこととは無関係なようにも思えるが、実際には、必ずしもそうではない。おかめとひょっとこに見られるような、開けっぴろげなまっすぐさ、恥ずかしさなど気にしない純朴さ、放埒《ほうらつ》であっけらかんとした豊穣性にも深くつながっている。性的なことは創造性と密接な関係があるため、子どもの領分にも属しているのである。

子ども性には、天上的なそれもあれば、大地的なそれもある。ここでの子ども性は、その不器用さなどから推測するに、やはり後者、つまり土の香りがするものなのだろう。舞いではふつう跳ねることはないが、神霊が乗り移った霊媒はしばしば跳びはねる。そして、ここで大男が見せる四股、反閇《へんばい》は、大地を和ませ鎮めるための呪術的所作である。土の笛に取り替えたのが正解だったことがわかる。
大男は「おたふく」の動きに誘われ、大笑いをして、心底満足したのだろう。笛と踊りが終わると去っていった。尼僧も、踊り子も、イマジナーも、「今ここ」の祭のなかでイントラ・フェストゥム的な一瞬を生きたので、どこかで永遠と無辺を感じている。そして、その一体感や共有体験が新たなかたちで表出されはじめる。それが以下の部分である。

五月一一日

真如は笛を吹き終えて、その場に座り、手を胸の前で合わせ、お祈りをはじめる。私もその姿に誘われて、その場に座り、お祈りをはじめる。ありがとう、ありがとう、と小さく声に出して祈る。南無阿弥陀仏と祈っていた真如も私につられて、ありがとう、ありがとう、と祈る。舞も私たちにつられて、ありがとう、ありがとう、と祈る。三人の祈る声が合わさり、その合わさった祈りの声が私の体に振動となって入ってくる。私は、真如さんありがとう、舞さんありがとう、と祈ったあと、先祖にありがとう、と祈る。私は涙が出てくる。その涙が出終わったあと、ふと目を開けると、舞といっしょに踊った大柄の男が座って祈っているのが目に入る。男は戻ってきたのだ。要領が悪くて、木偶《でく》の坊のような男が祈っている姿はユーモラスでもある。しかし、男の祈りは、私よりも心がこもっている。

五月二〇日

大男の祈る声があまりにも大きいので、舞がクスクスと笑う。そういえば、舞が笑うのを見たのははじめてだ。けっこう私たちといっしょにいる日数が長くなっていて、明るい表情を見ることは多くなってはいたが、舞が笑うのを見るのははじめてだ。真如も舞の笑い声を聞き、舞の顔を見ている。舞は私たちが見ていることに気づき、「どうしたのですか」と言う。

「私は、舞さんの笑う姿を見るのははじめてなのと、舞さんが笑うまで回復したのだとうれしくなって、舞さんの顔を見つめてしまいました」。……

五月二一日

舞は涙ぐんでいる。「一心さんと真如さんに出会って、ほっとして……少しずつ悲しみと寄る辺なさが薄らいできていたところに、この大柄の方のなんとも言えない素朴で下手な踊りを見て、心の底から笑いがこみ上げてきたのです。私のまわりの世界の色が、暗い色から明るい色に変わったのです。一瞬に変化したのです。不思議ですね。こんなことがあるなんて」。

大男は踊るのをやめて、舞の話を聞き、「僕の下手な踊りが役に立ったのですね。僕が何をやっても下手で、うまくいかず、逆に皆に迷惑をかけるので、木偶の坊とあざけられていたのです。だから、僕が他人の役に立つことができるなんて、はじめてのことです。ほんとうにうれしい」と言う。……


去っていきかけた大男が再び戻ってくるというのは非常に興味深い。この展開は、イマジナー、尼僧、踊り子の三人が、相互に共鳴する気持ちのなかでともに祈ったことから来ているのだろう。この祈りは、大男を呼び寄せ、歓待するための儀式になったのだ。なかでも「先祖にありがとう」の部分の効果が大きかったようである。祖霊としてのマレビトは帰ってくる。笛と踊りも彼を喜ばせたが、追加のこの歓待でさらに大喜びである。

マレビトは幸いをもたらす。もしくは、来たるべき幸いを約束する。大男の「祈る声があまりに大きい」のと「素朴で下手な踊り」とが、笑いを忘れた踊り子に笑いをもたらした。これは大きな幸いである。大男のトリックスターぶりがいかんなく発揮されている。

福は内、鬼は外

笑わなくなった姫を笑わせることができた者が結婚相手になれる、というモチーフのおとぎ話がある。成功するのはたいていトリックスターである。スサノヲがトリックを弄したのは八岐大蛇退治のためだったが、あれもまた姫の獲得につながった。ここでは結婚には結びついていないが、それにはわけがある。

六月一三日

雨が降ってきた。雲の流れが速く、またたくうちに暗くなってきた。雨脚が強い。……強い雨は私たちの体に容赦なく叩きつけ、着ているものがずぶ濡れで、体が冷えてくる。大男が、この少し先に橋があり、その下なら雨をしのぐことができるので、行くと言って、私たちから去って行く。……真如が「そこにお堂がありますよ。気がつかなかった。行きましょう」と言う。私たちはいっせいに走りだし、お堂に入る。助かった、と三人が声をあげ、その声に私たちは大笑いする。……外ではあいかわらず強い雨が降り、雷が落ちている。私は大男のことが気になり、橋桁の下は危険だ、どうしているのだろう、とつぶやく。

スサノヲは大蛇退治のあとにクシナダヒメと結婚したが、終《つい》の棲家である根の国にクシナダヒメはいない。祭の夜に訪れるマレビトは、その家の女を妻にすることもある。プリミティヴな部族にも見られる歓待のかたちである。しかし、一夜が明ければ、女は豊穣の力を得た早乙女としてそこに残り、マレビトは追放されることになる（折口，1930/1931）。大男が踊り子を笑わせた時点で、結婚が成立していると見ることもできる。それでも、ひとりで追放されるというのが元型的なパターンである。

マレビトは去っていく。そのとき、罪と穢れを持っていってくれる。マレビトは罪や穢れとともにていよく追放されるのだ。ここでは、踊り子の深い悲しみを持ち去ってくれたのだろう。それゆえの雨なのだろうか。そういえば、スサノヲが高天原から去っていくときにも雨が降っていた。追放され居場所をもたない者には、橋の下はお似合いである。しかし、雨天ではたしかに非常に危ない。

危険な橋の下に向かった大男はどうなったのか。じつは、そこからこの物語は急展開を見せる。次の回のマテリアルは非常に長く、含まれている元型的モチーフも複数存在するので、解説の都合上、二つのパートに分けて提示する。まずは、前半部分である。

六月二六日（前半部分）

雨がやんできたので、私は「大男のことが気になるので、橋のほうに行ってみる」と言う。真如と舞は、川は増水しているので近づかないほうがいいですよ、と口々に言う。私は「大丈夫。大男は橋桁の下に行くと言っていたので、とりあえず橋の状態を見に行きます」と答えて、大男が走っていった方向に歩いていく。

川に近づくと村人が集まっていて、「橋がなくなった。どうしよう。そうだ、鬼に頼んで、もう一度橋を作ってもらおう」と口々に言っている。すると、長老の男が「以前、橋を作ってもらったときに、旅のお坊さんの目が欲しいと鬼が言うので、旅のお坊さんを捕まえて鬼に差し出したのだ。ちょうどそこにお坊さんがいるので、捕まえろ」と私を指差す。私は「私は心が坊主なので僧衣姿でいますが、僧籍はありません。お赦しください」と言うが、二〜三人の男がやってきて、私を縄で縛る。私は、とうとう生贄にされるのか、命までは奪われなくても、両目を取られたら生きていくことはできないな、と死を覚悟する。

長老は「鬼様よ、大水で橋が流されてしまいました。もう一度、橋を作っていただけませんか。ここにあなたの大好物の、お坊さんの目を用意しています」と大声をあげる。しばらくすると、鬼が姿を現す。赤鬼だ。よく見ると、赤鬼の顔は、あの大男だ。私は「大男さんじゃあないですか。あなたのことが心配でここまで来てみたのに、村の人たちに捕まってしまって、橋を作ってもらうかわりにあなたに目を差し出す羽目になってしまいました。助けていただけないでしょうか」と言う。鬼は笑って、「一心さんじゃあないですか。あなた方は私に優しくしてくれた。無心で踊って、久しぶりに清々しい気分になった。それと、僧籍を持っていない人の目はおいしくない。だから、一心さんが助かる方法を教えてあげよう。私が一瞬のうちに橋を作るので、一心さんは、そのあとしばらく時間をあげるので、その間に私の名前が何なのかを考えなさい。その名前が私のほんとうの名前であるなら、一心さんを助けてあげることにしよう」と言う。いつのまにか真如と舞も来ていて、心配そうに見ている。私は「お願いします。できるかどうか、やってみます」と答える。真如は「一心さん、もしあなたが目を失っても、私がいます。私があなたの目となりますので心配しないでください」と言う。舞もまた、「私は一心さんの杖になります」と言う。村人はそれを聞いて、口々に、「一心さん、ごめんなさい。一心さんを犠牲者にしたくはないのですが、村に橋がないと生活できないのです。どうか、鬼のほんとうの名前を当ててください」と言う。

現れた鬼は、なんと、あの大男だった。正体を隠していたわけではない。マレビトは、やってくるときには福の神、去っていくときには鬼なのである。あえて正体は何かということになれば、いわゆる疫病神である。強力な疫病神を歓待して、低級な神霊たちが災いを起こすのを防いでもらい、帰りには罪と穢れを持っていってもらう。節分で「福は内、鬼は外」と唱えるが、この福と鬼は同じものである。

大男はイマジナーたちのところに不意にやってきて、幸いをもたらした。笑いを失っていた踊り子に笑いを取り戻させたのだった。この突然の来訪には原因がない。非因果的、共時的である。そして、雨が降ってくると、大男はまるで逃げるかのようにその場をあとにしたが、ほんとうは罪や穢れとともに神やらいにやられたのである。それゆえ、ここでは鬼として登場する。まことにマレビト象徴にふさわしい。

そのあとの展開もおもしろい。秘密の名前を言い当てるというモチーフは元型的なものである。西洋のおとぎ話としては、「トム・ティット・トット」や「ルンペルスティルツヒェン」などがよく知られている。これらのおとぎ話では、窮地に追い込まれた主人公を小悪魔が救ってくれるが、期限内にその小悪魔の名前を言い当てればよし、わからなければ魂を奪われるのである。

まったく聞いたこともない小悪魔の名前がどうしてわかるのか。じつは、そこにも共時性がひょっこり顔を覗かせている。これらのおとぎ話では、まもなく人間の魂が手に入ると思って上機嫌の小悪魔がひとりで歌を口ずさんでいるのを、主人公がたまたま耳にする。その歌の言葉のなかに小悪魔自身の名前が入っていたおかげで、主人公はことなきを得る。

わが国にも同様のモチーフを持つ昔話がある。「大工と鬼六」である。「大工と鬼六」では、大工が難所に橋を架けるのに鬼の力を借りる。しかし、鬼の名前を当てなければ、目を取られる。そういう約束である。この場合も、鬼の名前を知る手掛かりはまったくない。やはり、そういうときこそ共時性の出番である。大工は、わが子のために女房が歌っている子守歌のなかにそれを見出すことができた。

このアクティヴ・イマジネーションの展開は、「大工と鬼六」にそっくりである。いわば、その昔話の本歌取りのようになっている。アクティヴ・イマジネーションにおける本歌取りの是非については、少し難しい問題がある。アクティヴ・イマジネーションでは、イマジナーがまったく知らなかった元型的モチーフが浮かび上がってくることが多いが、既知のものがおのずから現れてくるということも少なくないのである。

したがって、本歌取りを安易に盗作扱いするのは好ましくない。イマジナー（自我）の側が恣意的、意図的にそちらに誘導するのはいただけないが、無意識の側がそれを持ち出してくるのなら、やはりそれに付き合う必要がある。私たちのイマジネーションにおいては、明らかに無意識の側がこのモチーフを持ち出してきている。自我の賢しらによる創作でないなら、真摯に向き合っていかなければならない。

まことの名前

さて、私たちのイマジナーはどうすれば鬼の名前を知ることができるだろうか。鬼が鼻歌を歌うか、誰かが子守歌でも歌ってくれるかすればよいのだが、どうやらそうは問屋が卸さないようである。同日のイマジネーションの後半部分を見てみよう。

六月二六日（後半部分）

「それでは、はじめよう」と言い、鬼は目を閉じて呪文を唱える。しばらくすると、新しい木の橋ができて、川の両岸にかかっている。村人は喜びの歓声をあげる。そして、私に注目する。真如が私を見つめて、両手を胸の前で合わせて、お経をあげるように大声で「一心さん、ほんとうの名前はなんですか」と唱えはじめる。舞も同じようにして、「一心さん、ほんとうの名前はなんですか」と大声で唱える。村人も同じように拝む姿で、「一心さん、ほんとうの名前はなんですか」と唱える。それが大合唱のように響き、私が私自身のほんとうの名前はなんですかと問われているような気がしてくる。私はこの旅でいくつかの名前を名乗ったが、それはあくまでも架空の名だ。もちろん一心という名もそうだ。そうだ、私が親からもらった名は〇だ。鬼は私なのだ。鬼の名は鬼〇だ。そうにちがいない、と確信する。私は手をあげて鬼に、「あなたのほんとうの名前がわかりました。あなたの耳元でささやきます」と言う。鬼は心配そうに「ほんとうにわかったのか。大丈夫か」と言いつつ、私に耳を差し出す。私は鬼に耳元で、「あなたのほんとうの名前は鬼〇です。あなたは私だからです。あなたは、魔法がかかって鬼になっている、私の人格の一部なのです」とささやく。鬼はうれしそうに村人に、「当たったよ。私のほんとうの名前を一心さんが当ててくれた。これで私はあの世に行くことができる。私はもう二度とこの世に現れることはない。だが、橋のことは心配しないでいい。永久に流されぬようにしておくから大丈夫だ。長い間、鬼の姿でこの世で過ごした。村人にも、ときには歓迎もされた。たくさんの人を助けたが、迷惑もかけた。けっこう楽しい思いもした。だけど、もうこの世にいることには飽きたし、疲れた。一心さん、ありがとう。私はこれで浄土へ行くことができる。皆さん、さようなら」と言って、姿を消す。

村人は驚き、絶句し、しばらくシーンと静まりかえり、そしてよかったと喜び、拍手が湧き上がる。私は真如と舞のところに行き、三人で抱き合う。……

旧著（老松，2004c）でも述べたが、秘密の名前、まことの名前を知っている者は、その名前を持つ者を支配下に置くことができる。これがこの元型的モチーフの核心部分ということになる。宮崎駿監督のアニメ映画『千と千尋の神かくし』で、このモチーフが重要な役割をはたしていたことを覚えている人も多いだろう。私たちが交渉の相手や物ごとを思いのままに操れないのは、それらのまことの名前を知らないからである。

まことの名前を知っていることは、魔法が使えることと等価である。そのあたりの事情は、宮崎吾朗監督のアニメ映画で話題となった『ゲド戦記』の原作に詳しい。この映画で取り上げられたのは、原作でいうと第四巻「帰還」を中心とする内容だったが、まことの名前のことが語られているのは第一巻「影との戦い」(Le Guin, 1968) においてである。『ゲド戦記』は元型的なモチーフが豊富に現れることで知られている。

しかも、私たちのイマジネーションは、この第一巻「影との戦い」のストーリーともっと深いつながりを有している。主人公である魔法使いのハイタカは、さまざまな生き物や事物のまことの名前に関する知識を利用して、強力な力を持つようになった。しかし、驕りから、世界に裂け目を生じさせてしまう。そこから、世にも恐ろしい影の魔力が襲いかかってくる。ハイタカは責任を負って戦いを挑むことになる。

この戦いにおいても、影の魔力のまことの名前を言い当てることができるかどうかが鍵になる。窮地に追い込まれたハイタカが叫んだ影の名前、それはハイタカ自身のまことの名、「ゲド」だった。この強大な敵は、文字どおり、ユング心理学で影《シャドウ》と呼ばれる、人格の一部なのである。シャドウとは、その人の持っている可能性のすべて、あるいはいまだ充分に生きられたことのない可能性のすべてをいう。

シャドウは、諸般の事情によりその人がしっかりと向き合うことのできない、自分自身の一部である。この世で創造的に生きることの困難な否定的要素であることが多いが、いまだ休眠状態にある肯定的な可能性であることもある。ただ、いずれにせよ、意識の領域からは遠ざけられており、暗い無意識の闇のなかで人知れず蠢《うごめ》いている。

私たちのアクティヴ・イマジネーションにおいても、鬼という姿でシャドウが出現している。目を喰らう鬼である。目を失うことは、ものを見て認識する視点を失うこと。自我から光としての意識が奪われて、すっかり無意識に覆われることを意味する。このままでは、自我は闇のなかに蠢く力の餌食になってしまう。鬼の名前を当てなければならない。

そのとき聞こえてきたのが、「一心さん、ほんとうの名前はなんですか」の大コールである。これはもちろん、鬼の名前のことを言っているのだが、イマジナーは自分のほんとうの名前を問われているように感じる。これは興味深い。このとき、イマジナーの内省が深まっていたからこそ、おのずとそのような感じ方になったのだろう。イマジナーと大男の間にもともと発達系としての密かな同一性があったことはすでに述べたとおりである。

興味深いことに、鬼には呪いがかかっている。誰かがまことの名前を言い当てなければ、呪いは解けない。この呪いこそ、マレビトとしての大男が持ち去ってくれた罪と穢れが姿を変えたものにちがいない。彼は、踊り子の罪や穢れだけでなく、イマジナーのシャドウに相当する部分をも持ち去ってくれていた。いや、シャドウ自身が大男として無意識から接近してきたのを、自我は歓待して一定程度の和解をなし、さしあたり妥協の無理な部分は無意識へと送り返そうとした、と考えるほうがよいかもしれない。

一度は持ち去ってもらった和解不能な罪や穢れにあえて再びふれようとすれば、自我はそれらに喰われてしまいかねない。シャドウに呑み込まれてしまうのだ。それでも、イマジナーは、去っていった大男を心配して川まで様子を見に行った。自我はシャドウをいっそう認めて、よい関係を築こうとしている。そういったあれこれが重なって、イマジナーは鬼のまことの名前を意識化することに成功した。

このイマジネーションを経験したとき、Oさんは、非常に強い偶然の符合を感じた。それはこういうことである。Oさんが指揮をとっていたプロジェクトは順調だったのだが、会社の最上層部と特定の業者との癒着によって巨額の損益が発生した煽りをくい、中止となることがこの時期にほぼ確定的になった。ところが、こともあろうに、そのプロジェクトの頓挫の責任を、表向きOさんが背負わされそうになったのだった。

Oさんは事実を社内で明らかにしてから、辞職する決心をした。事実を明らかにするといっても、自分の名誉を守るためではなく、会社の今後を考えてのことである。社内ではOさんに経営の先頭に立ってほしいという声が強まっていたが、Oさんにはもはやその気はなかった。たとえそういう立場になったとしても、あれほどの損益があっては、当分の間、思ったようにできないことが明らかだったからである。

Oさんには、イマジネーションのなかで大男がいい気で踊らされていること、不如意な大雨によって橋が流されたこと、なぜか自分が生贄にされかけたこと、多数の村人からのコールがあったことが、現実における自分の力の過信と自惚れ、自分の与り知らぬ外因によるプロジェクトの頓挫、最上層部からの理不尽な引責の強要、経営の中枢を担ってほしいという一般社員の間の空気、といった事実とぴったり重なっているように感じられた。単なる偶然とはとても思えなかったのである。

黄金の華

アクティヴ・イマジネーションのなかでは、結果的に、さいわい不壊の橋がかかった。しかし、プロジェクトの頓挫による抑うつ気分がOさんに重くのしかかっていた。さらに、孤独感や隔絶感も強まっていく。不壊の橋は先取り的、予感的なものであり、そこを渡るためにはそれ相応の覚悟や準備が要るのだろう。というのも、永遠へと続くその道は、象徴的次元で生命を危険にさらす可能性をはらんでいるからである。

その後、イマジナーは、ふたりの旅の仲間と別れ、庵《いおり》でひとり暮らすことを選ぶ。いっしょに住んでいると、お互いの思いがお互いを縛ってしまうような気がしたからだった。しかし、ひとりで歩き始めたイマジナーは、はじめて「ものすごい淋しさに襲われる」。そして、今まで淋しさを感じていなかったことのほうが異常だと気づき、淋しさとどう折り合いをつけるかが課題だと考えはじめる。

八月七日

〔庵にて〕……鬼は私が使って来たパワーであり、私自身であることがわかった。名付けることで、私はパワーを失った。……私はパワーを失って、淋しい思いでここにいる。その弱い私に何ができるのだろう。……

八月一四日

〔薬師如来を前に祈りつつ、淋しさの背後にずっと憂うつ感があったことに気づく。その原因を探るうちに、かつて旅の途上で会った老王を思い出す。〕

老王は自身が犯した圧政がもとで、瓶に閉じ込められていたのだった。老王は私に瓶から出して欲しいと言ったが、私は断った。あのとき、老王にはまだパワーが残っていたので、もし外に出ることになれば、老王の圧政パワーが復活し、住民が迷惑すると思ったからだ。もしかしたら、あの老王のパワーは私の一部だったのかもしれない。僧侶を生贄に出させて、橋をかけるパワーを有した鬼は私の一部だった。鬼が僧侶を自身の一部として組み入れ地域を治めると祭政一致となり、パワーを有することになる。瓶のなかの老王は鬼でもあり、私でもあったのだ。

だとすると、この憂うつ感は、鬼のパワーを使えなくなったがゆえの憂うつ感であり、瓶のなかに閉じ込められている老王の憂うつ感でもあるのだ。

私は洞窟を想像し、瓶のなかの老王と対面することにする。

「久しぶりだな」。老王が私に話しかけてくる。私「あなたはずっとここにいたのですね。つらくて憂うつだったでしょう。あのとき、あなたを出してあげればよかったと後悔しています」。

老王「お前も憂うつなのか。私はずっと憂うつだった。お前が私の存在に気づいてくれる保証は何もないので、希望が持てず、よけいに憂うつだった。お前が真に憂うつな状態に陥らないと、私に気づくことはできないので、当分は気づかないだろうと思っていた。たいへんなことがお前の身に起きたのだろう。だがな、いつの日かそういう状態に陥るのだ。年老いるということはそういうものなのだ。嘆くことはない。よく来てくれた。お前に私が落ちぶれた場面を話そう。そうすれば、少しはお前の今後の生き方の参考になるだろう」。

私は思わぬ展開に驚くが、老王の話に耳を傾けることにする。

イマジナーは老王と対話を重ねる。そして、瓶から出すことはせず、老王の現在の望みどおり、薬師如来の薬壺に入れて成仏させた。それが八月二四日のイマジネーションである。その二日後、アナリザンド（イマジナー）は非常に印象的な夢を見た。

八月二六日の夢

私はAが丘にある、ある企業の本社にいる。そこは金華社というところで、私がそこの重役になるので、私を歓迎する会があるそうだ。私は、金華社はこんな所にあるのか、しかも私を重役に迎えようとしているなんて、と不思議に思う。中年の女性の重役が挨拶に来る。他の社員たちも集まっている。

この夢の翌日、Oさんは、知人を介して、A山市（Aが丘の「A」と同じ「A」）にあるB社から重役待遇で来てもらえないかという誘いを受けた。まったく思ってもみないことであるうえに、前日の夢との符合があまりに多いので、Oさんはおおいに驚いた。B社は新規の部門を担う子会社を立ち上げることを計画しており、その重責を担える人材を探していた。かつて何度か自社でそのような計画を成功させたことのあるOさんに白羽の矢が立ったわけである。

しかも、Oさんは、ある理由から、このB社に親しみを感じていた。というのも、B社はある大企業の一部門だったのが独立したもので、そんなことは不可能という業界の常識を覆して成功に導いた先代の社長の一代記にOさんはかつて深い感動を覚えていたからである。じつはそれをお手本にして、自社で新規部門を担う子会社の設立に邁進してきたのだった。そこに今回のオファーである。Oさんは縁というものの不思議さを感じた。

個性化の鍵としての共時性

　Oさんは、現社長の側近である中年の女性から、詳しい事情や条件を聞いた。Aが丘に咲く黄金の華のことを語る夢。その共時性の不思議さがOさんを捉えていた。今の会社に比べれば、B社は地方にあって、しかも小さい。しかし、かえって肩肘張らずに、手作りで自分の理想の社風を実現できるかもしれない。もうすっかり引退するつもりになっていたOさんだが、そのように考えてオファーを受け入れることにしたのだった。

　それから、Oさんは、じつに生き生きとして仕事に励んでいる。こぢんまりしてはいるが、有能なスタッフに恵まれ、今度は最上層部からの信頼も厚い。しかも、すでにパワー願望から解放されていて、これまでのような権勢欲や支配欲がない分、まったく自然体でいられる。前の会社のときよりずっと創造的で充実しており、しかも楽しくてたまらない。まさに「黄金の華」だ、とOさんは感じている。

　こうして、いったん流されて消失した橋は再び出現した。はじめの橋が流されていなかったら、Oさんがパワー願望を脱することのできる可能性は乏しかったかもしれない。卑近な野望への橋が断たれることにより、ほんとうの自分へとつながる橋がかかった。それは誰もが渡れるわけではない。条件は厳しい。孤独と憂うつのなかで俗世の価値のいっさいをいったんあきらめることが要求された。

しかし、今度の橋は堅固である。それもそのはず、この橋は、周囲との競争の上に成り立っているのではない。真の自分というものの不壊の価値によって支えられている。そこに垣間見えているのはセルフ、Oさんの中心にある独自の価値および価値観である。黄金の華はセルフの象徴として出現することがある。たとえば、中国の道教の瞑想書『太乙金華宗旨』のタイトルにも含まれる「金華」のように（Jung, Wilhelm, 1929）。そこには、個性化と呼ばれる生のプロセスの真髄がある。

Oさんのアクティヴ・イマジネーションにおいて共時性を担っていたのは大男、すなわち鬼だった。素朴で稚戯的、それでいて剛力無双で暴力的、熱狂と孤独、なおかつ罪と穢れにまみれて「今ここ」を生きる一所不住の漂泊者。鬼はさらに、名前を当てなければ目玉を持っていくという博奕好きである。共時性がギャンブルともつながりが深いことはすでに述べたとおりで、それは、神の意志を問い神と遊ぶ、あの占いにも通じている。

ここでの鬼は、発達系のあり方の元型的モデルにして共時性の原理の元型的モデルと考えられる、あのスサノヲのイメージと充分に重なっている。スサノヲの出現である共時性は、非常に複雑な原理である。共時性には二重の側面があるからである。マレビトの来訪は、凶事にして吉事、災厄にして浄化、破壊にして再建、死にして再生。この対立し合う両面、相容れないものの懸隔を瞬時に跳び超えることによって、はじめて本質的な変容が生じうる。そこに個性化にまつわる重要な鍵の一つが隠されている。

共時的な現象に遭遇したときには、そのような二重性を無視しないことがたいせつである。共時的な現象によって幸福がもたらされたとしても、壁一枚隔てた背後には不幸が待っている。災厄が降りかかったとしても、すぐ後ろに安寧がついてきているかもしれない。あまり気づかれないけれども、虹につねに副虹が伴っているように、共時的現象にも、いわば共時的副現象があるものと考えておきたい。

象徴的に経験される内的な「死と再生」は、個性化のプロセスにおける最もクリティカルな状況と考えられている。民俗儀礼、宗教儀礼において「死と再生」の象徴が頻出するのは、それが内的な変容に不可欠だからである。心の臨床においても同様のことが言える。しかし、「死と再生」には大きな危険が伴う。それゆえ、その危機状態をできるだけ安全に通過できるよう、細心の注意が払われるのが常である。

しかし、そこで一つ、重大な誤解が生じやすい。それは、「死と再生」において危険なのは「死」の位相だと思われていることである。なるほど、「死」の位相が危険であることはまちがいない。ところが、「再生」の位相も、「死」の位相に勝るとも劣らないくらい危ういのである。それは、さきほど述べた表現で言うなら、「対立し合う両面、相容れないものの懸隔を瞬時に跳び超えること」に起因する。

ユングは、そのような場面で生じる危険を「真空」という言葉で説明している（Jung, 1997）。急激な変容が生じることは、それまでそこにいた存在が一瞬にして消えてしまうことに等しい。それゆえ、そこには、いわば局所的な真空ができてしまう。すると、ユングの言葉を借りるなら、近くにいた悪魔たちが吸い込まれるようにしていっせいにそこに流れ込んでくる（Jung, 1997）。この表現がけっしてオーバーでないくらい、共時的現象は二重になっていることが多い。

第七章　運命との対峙

パウリとパウリ効果

宿命、運命は、スサノヲの侵入に似て、まことに暴力的である。それは有無を言わせぬ力を持っており、共時的現象とともに、青天の霹靂のごとくに開示される。しかも、いったん開示された宿命、運命は、ふつう、長い期間にわたって生きていかなければならない。本章では、共時的現象のもたらす宿命、運命に人はどう対峙できるのかを検討しよう。この対峙にまつわる作業を「運命との折衝」と呼ぶことにしたい。

長い時間をかけてたくさんの共時性を経験していても、個性化における運命との折衝が首尾よく進むとはかぎらない。まったくの不調に終わるというケースもあれば、うまくいった部分といかなかった部分が入り混じっているというケースもある。共時性をめぐってユングと共同研究を行なった理論物理学者、ヴォルフガング・エルンスト・フリードリッヒ・パウリの場合は、折衝の結果が好悪相半ばした場合に相当するかもしれない。本章で扱うのは彼の生涯である。

以下、科学史家A・ミラー(Miller, 2010)による包括的な伝記、物理学者D・ピートの著書(Peat, 1987, 2014)、いくつかの短い伝記(Enz, 1994, Zabriskie, 2001)、H・ファン・エルケレンスらの論文(Erkelens, 2002a, 2002b, 2002c, Erkelens, Wiegel, 2002)、ユングとの往復書簡(Meier, ed., 2001)などを参考にしてパウリの人生を再構成しながら見ていく(参考文献は主要な箇所についてのみ記す)。ただし、資料の性格上、共時性の体験と運命との対峙を直接的に関連づけて検討することは不可能である。そこで、まずはパウリがどれほど多くの共時的現象に取り巻かれていたかを示してから、彼の生涯を概観し、共時性に縁の深いあり方と運命への対峙を照らし合わせてみることにしたい。

さて、かのパウリなる人物。彼がユングと共時性の研究をしたことは、おそらくただの偶然ではない。傑出した両者とこのテーマの組み合わせにも、なにがしか意味のある符合があるように思われる。パウリは桁外れの発達系だったらしく、深いトラウマにも苦しんでいた。そして、彼の周囲では頻繁に共時的現象が起きた。パウリが生涯において経験したさまざまな局面は、「今ここ」のあり方と共時性とのつながりを示す好例と思われる。

パウリは頭脳明晰だったが、手先はひどく不器用で、実験が苦手だった。そのためか、機材をよく壊すことで有名だった。パウリがちょっと触っただけで実験装置が不調に陥ることも珍しくなかったようで、仲間たちは、パウリが現れただけで装置や機器が壊れたり爆発したりする不可解な現象を「パウリ効果」と呼ぶようになった。

パウリのほうには予感として事前に嫌な感じがあり、なにごとか災難が起きると解放感と爽快感が味わえたらしい（Enz, 1994）。パウリ本人は何の被害も受けないというのも一つの特徴で、これは彼の業績をもじって「パウリの排他律」と呼ばれた。ちなみに、パウリ自身が災難に遭うことも稀にはあり、その場合には「逆パウリ効果」と言われたという（Miller, 2010）。

共時性に関する紹介を何冊か書いているピートは、ユングがフロイトに会ったときに生じたあの書棚での爆発音のエピソードを持ち出して、パウリ効果もそれに似た現象だったと述べている（Peat, 2014）。また、パウリの助手だったM・フィールツも、パウリ効果はユングの言う共時的現象と見なしてよい、と言う（Fierz, 1988）。単なる偶然というのではない。意味のある偶然と考えられていたわけである。

たとえば、ゲッティンゲンにあるJ・フランクの実験室で、ある日、原子を観測する高価な実験装置が原因不明の爆発で壊れてしまった。フランク自身もあとで聞いてまさかと思ったらしいのだが、じつはそのとき、パウリはN・ボーアに会うためにチューリッヒからコペンハーゲンに向かう途上にあり、列車がゲッティンゲン駅に停まっていたのだった。

また、パウリがハンブルグ近郊の天文台に天文学者を訪ねたことがある。満月で星が観測できない日はパーティになるのだったが、パウリが断りきれずに参加した夜、望遠鏡の一部が落下して壊れてしまった。別の集まりでは、主催者が冗談で、パウリの登場によりシャンデリアが落ちるよう、こっそり仕掛けをしておいたのだが、パウリが現れても何も起きなかった。その秘密の仕掛け自体が壊れてしまっていたからだった。

パウリ効果はユングの周辺でも目撃されている。チューリッヒにユング研究所が創設される際、請われて創設メンバーに名を連ねたパウリは、就任式で講演を行なうことになった。ホールに入るとき、パウリは、自分がすべてを水浸しにしてしまうという感覚に襲われた。その瞬間、置かれていた花瓶が割れて、演台はびしょびしょになった。ピートは、講演の話題の一部として予定されていた錬金術師フラッド Fludd のことと、この小さな洪水 flood との符合を指摘している（Peat, 2014）。

パウリ効果という呼称は、生物に対して起きた場合にも用いられた（Miller, 2010）。たとえば、パウリを含む四人がレストランで食事をし、三時間が過ぎて皆が席を立ったとき、パウリ以外の三人がいずれも尻の下にホイップクリームを敷いていた。ある講演会では、パウリが着席すると、両隣のふたりの女性が卒倒して対称的なかたちに倒れてしまった。あるときには、パウリの乗っていた列車の後部のほうが連結がはずれて多くの乗客が置き去りになったが、パウリはそのまま旅を続けたという。また、パウリが三人の仲間とレストランで待ち合わせていたら、ひとりはスクーターが火を噴き、もうひとりは自転車のタイヤがパンク、最後のひとりは降りるべき駅を乗り越してしまった。

彼の最期にまつわるパウリ効果も伝えられており（Miller, 2010）、生涯にわたって偶然の符合と縁が深かったことがわかる。一三七という数をめぐっての共時的現象である。パウリは一九五六年に膵臓癌で亡くなったのだが、そのときに入院した病室の番号が一三七だった。じつは、この一三七という数、かねてよりパウリにとって特別なものだったのである。

さまざまな原子が放出したり吸収したりする光のスペクトル線には微細構造がある。つまり、一本に見えるスペクトル線だが、じつは間隔の狭い複数の細かいスペクトル線が組み合わさってできている。その組み合わせが各原子によって固有なので、微細構造は原子の指紋や原子のDNAになぞらえられる。この微細構造を説明するのに必要な定数があり、微細構造定数と呼ぶ。一／一三七である。この定数は、一九一五年にパウリの師であるA・ゾンマーフェルトによって観察から発見されたもので、これが三つの基礎物理定数（電気素量、光速度、プランク定数）から成る数式で表現しうることもわかった。

微細構造定数はたいへん重要なもので、値がわずかでもちがっていたら、たとえば炭素と酸素が壊れてしまうため、地球は今のようにはなっていない。この定数は素粒子の電磁相互作用の強さを表す物理定数でもあるので、いわば宇宙の根源的な仕組みを支配している。そして微細構造定数は、構成要素である三つの基礎物理定数が単位を消し合うため、次元を持たない。それゆえ、宇宙のどこかで他の高等生命体が別の単位系を用いていたとしても、同じ値になるはずである。しかも、自然界に見られる他の諸定数とちがって、これだけは極端に大きくも小さくもなく「人間的サイズ」になっている（Peat, 2014）。

宇宙の成り立ちにおいてこの一三七という素数がはたしている役割、宇宙の構造のなかでこの数が占めている位置。途方もなく重要な定数であるにもかかわらず、この値は相対性理論からも量子論からも導けない。その謎が多くの物理学者を悩ませてきた。それゆえ、この定数は、物理学者の間で神秘数とも呼ばれた。パウリも、関連する問題（異常ゼーマン効果）をめぐってその隠された意味に悩み、抑うつ状態に陥るほどだった。

じつは、そこでの謎は物理学の範囲内にとどまらない。一三七はカバラ（ユダヤ教における秘教）において特別な数とされている。カバラでは、ヘブライ語のアルファベットを数値化し（ゲマトリアと呼ぶ）、そこに神の創造の秘密を読み取るが、「カバラ」を古代ヘブライ語で表し数値化すると一三七になるのである。ユダヤ人の血を引き、キリスト教からユダヤ教に改宗していたパウリにとって、このことには大きな意義があったろう。

一九五八年一二月五日、突然の腹痛に襲われ、みずからの死の床になるチューリッヒ赤十字病院に入院したパウリは、自分の病室の共時的な番号を知って、「私がここから生きて外に出ることは絶対にない」と助手に言った（Miller, 2010）。そして、一〇日後、それは現実のこととなった。この言葉の背景には、創造の秘密を生涯にわたって追求してきた物理学者パウリの、それでも到達しきれなかった宇宙の深遠さに対する驚嘆と絶望がつまっているように思われてならない。

パウリの前半生

パウリは一九〇〇年四月二五日にウィーンの裕福な家庭に生まれた。ユダヤ人である父親のヴォルフガング・ヨゼフ・パシェレスは、プラハ出身の医師。ウィーン大学の教員となり、周辺の反ユダヤ主義を気にしてカトリックに改宗、パウリと改姓していた。のちに、ウィーン大学の生化学の教授となっている。息子であるパウリにとっては、冷たく距離のある父親だったらしい。母方祖母は帝国オペラ劇場の歌手で、パウリの音楽への関心を育んだ。母親ベルタも聡明で芸術的素養のある人だったらしく、文筆業を生業としていた。パウリの代父《ゴッドファーザー》は、父親の友人、物理学者のＥ・マッハで、パウリの物理学好きの原点となった。妹ヘルタは六歳下である。

幼い頃のパウリは妖精の物語をこわがったという。非常に利発で、鋭い頭脳の持ち主だった。早くから正確さへのこだわりがあり、周囲の者や本に書いてあることのまちがいをズバズバ指摘したという。名門ギムナジウムに入ると、あっという間に幾何学や微積分学、天体力学などをマスターしてしまい、卒業二か月後には相対性理論をめぐって最初の論文を投稿した。ただし、数学や物理学以外の成績は普通程度だったらしい。パウリは、著名なゾンマーフェルトのいるミュンヘン大学に進んだ。

パウリはミュンヘンでも天才ぶりをいかんなく発揮し、ゾンマーフェルトの勧めで一九二一年に発表した相対性理論に関する論説にはアインシュタイン自身も注目した。のちに量子論を打ち立てた盟友のひとり、W・ハイゼンベルクは、大学の一年後輩である。パウリは当時、講義をめぐって容赦ない批判を繰り返したため、「不愉快パウリ」などと呼ばれていた。思ったことをそのまま口にするのはパウリの本来の持ち味だった。しかし、のちには、先輩だろうが権威者だろうが容赦しない、その辛辣だが鋭い批判が賞讃されて、「神の鞭」、「物理学の良心」、「批評の巨匠」と称されることもあった。

一九二三年にハンブルグ大学に移ったパウリは、異常ゼーマン効果の研究がはかばかしくないこともあって抑うつ的になり、酒と女に溺れていった。酔っ払っての喧嘩もしょっちゅうだった。パウリはのちに、自身について「犯罪、暴力に走る資質（そのために人殺しになっていたとしてもおかしくありません）がありました」と振り返る一方、「世間から完全に隔絶された存在——唐突に恍惚状態《エクスタシー》と幻像に襲われる、知性のかけらもない世捨て人——になってしまった」とも語っている（Miller, 2010）。

しかし、そのようななか、イギリスの物理学者E・ストーナーの仕事に触発されて、のちにノーベル物理学賞を受けることになる業績、「パウリの排他律」を思いついたのもこの頃、一九二四年のことだった。パウリの排他律とは、同じ種類のエネルギーを持つ素粒子が自身のエネルギー空間から互いに締め出し合うことを意味する。つまり、それまで電子の状態を記述するには、いわば三次元の座標のごとくに、三つの量子数が必要とされていたが、パウリは第四の量子数（のちにスピンと呼ばれるようになる）を導入し、原子内で二個の電子がまったく同じ四つの量子数を持つことはできない、としたのである。

排他律は、原子の構造を、ひいては元素の周期表を説明することを可能ならしめた。そして、それまで堅固なモデルと考えられていたボーアの太陽系型の原子構造説を覆すことになる。しかし、ここで重要なのは、それが互いの間に働く力によるのでもなく、因果的な効果によるのでもない点である。この原理は背後に存在する全体性を重視しており、素粒子の間にじつは非因果的なつながりがあることを主張するものだった。ピートは、パウリの「排他律」を「物質の元型」、すなわち物質の世界における構造化原理と見なしている（Peat, 2014）。

パウリは非常に鋭い知性と天才的な閃きを兼ね備えた人物だったが、自分自身の業績作りにはそれほど関心を持たなかった。むしろ、周囲の者たちに助言や的確な批判をしたり、自分の思いつきを隠すことなく提供したりするのを好んだようである。ハイゼンベルクは、パウリがいなければ何もできなかった、と告白している。パウリが「物理学の良心」と呼ばれたのも故なしとはしない。

ハイゼンベルクが一九二五年に定式化した量子力学はそもそもパウリのアイディアをもとにした部分が大きかったし、量子力学が発表された一か月後に、それを応用して水素の定常状態を計算で導き出すという（ボーア・モデルでは不可能だった）論文を完成させ、ハイゼンベルクの正しさを広く知らしめたのもパウリにほかならなかった。こうしてパウリは、量子力学のその後の隆盛を導く重要な役割をはたした。

そして、一九二六年には、E・シュレディンガーが光子と電子を波動方程式により波動として扱う波動力学を発表し、ハイゼンベルクはそれを利用して「パウリの排他律」の重要性を示した。さらにハイゼンベルクは一九二七年に、電子の運動量と位置は測定の影響により同時に知ることができないという有名な不確定性原理を提唱する。その発表に先立ち、忌憚のない批評をしてハイゼンベルクを助けたのもパウリだった。

また、一九三〇年に提唱したニュートロンの仮説も重要な業績である。原子核が電子を放出してよりエネルギーの低い状態になるのをβ崩壊というが、はじめの原子核のエネルギーの量があとの状態の原子核と放出された電子のエネルギーの総量より大きい、という未解明の謎があった。エネルギー保存則を維持するにはどうしたらよいか思案したパウリは、電荷がなく質量が電子よりはるかに小さい（その後、質量もないとされた）未発見の素粒子が存在すると予言した。これがのちにニュートリノと呼ばれることになるのだが、当時としてはまことに大胆な発想だった。ニュートリノは一九五六年にようやく検出され、一九九八年にはわずかな質量を持つことが突きとめられた。

しかし、パウリには、学術的業績以外の面では多くの困難があった。一九二八年にチューリッヒのＥＴＨ（スイス連邦工科大学）で理論物理学の教授職に就いたが、非常に気難しい皮肉屋になっていたらしい。身内のもめごとの影響もあってのことだっただろう。前年に母親が他界している。父親の不倫を苦にして服毒自殺を図ったものだった。その父親は、パウリと同い歳の「邪悪な継母」（パウリ自身の言）、マリア・ロットラーなる彫刻家と再婚するに至る。

パウリはあいかわらず夜の娯楽に溺れていたが、ナイトクラブの歌手でダンサーのケーテ・デップナーと一九二九年に突然、結婚した。ケーテはかつて、パウリの妹ヘルタと同じベルリンの劇団に所属しており、ふたりは友だち同士だった。パウリは、その頃にも一度会ったことのあるケーテとチューリッヒで偶然再会し、恋に落ちたのだった。しかし、パウリは「よく檻に入れられたライオンそっくりに、アパートの部屋のなかを歩き回って」(Miller, 2010)おり、妻はわずか数週間で出ていってしまった。一九三〇年には離婚が成立した。

そのような身辺の人間関係のもつれの影響から、パウリは情緒的にきわめて不安定で、ひどい混乱をきたすようになっており、アルコールの濫用がいっそう目立ちはじめていた。すでに学生時代から一晩中バーで飲み明かすことも珍しくなかったパウリだが、この頃には、女遊びのほか、酔っ払って喧嘩をしては店から放り出されるなど、自暴自棄の不行跡を繰り返しており、問題はかなり深刻な様相を呈していた。

そのようなとき、ユングが講義をするためにETHを訪れた。父親からの促しもあって、パウリはこの機会を捉え、自身の問題を相談しに行った。一九三二年一月、ユングは自宅書斎でパウリの話を聞いて、おおむね次のように見立てていた。すなわち、この人物は知的で合理的なことばかりを重んじて、非常に偏ったあり方をしている。感情面では非常に未熟なので、女性との関係ではいつも未分化な行動をしてしまう。無意識が活性化されて投影が盛んに生じており、そのために誰も彼もが自分に敵意を向けてくるように感じて孤立しているのだ、と(Jung, 1944, 1968)。

パウリの後半生

こうしてパウリの分析がはじまった。はじめの五か月ほどは、ユングの弟子になって間もない若い女医、エルナ・ローゼンバウムが、その後三か月ほどおいてからユングが二年間、パウリの分析家となった。パウリははじめ、ユング自身の分析を受けられないことを不満に思っていたが、のちには彼女に夢中になる。五か月後にローゼンバウムがベルリンに居を移すと、ふたりの関係は「個人的なもの」になっていったとも言われている（Miller, 2010）。

分析では、当初、自我を女性原理から切り離すグレート・ファーザーの像からいかにして逃れるかがテーマとなり、のちには女性像がグレート・マザーからシスター・アニマと呼ばれる対等なものへと変化していった。また、のちにセルフのイメージとなるトリックスター的な男性像（『ファウスト』の悪魔メフィストフェレスや錬金術におけるメルクリウス神のような）との出会いも経験されている。

パウリの夢やヴィジョンは多彩で、錬金術やカバラに通ずる元型的な象徴に満ちていた。それらの一部は、ユングの一九四四年の大著『心理学と錬金術』で取り上げられており、その一つの頂点が以下のような「宇宙時計のヴィジョン」である（Jung, 1944）。ここには、心の究極の秩序を表す、いわゆるマンダラ象徴が現れている（図9）。また、このヴィジョンにも含まれているのだが、三の象徴と四の象徴の間で繰り広げられた、全体性の経験にまつわる内的な鬩《せめ》ぎ合いも非常に興味深い。

共通の中心点を持つ垂直円と水平円とがある。これは宇宙時計である。この宇宙時計は黒い鳥によって支えられている。／垂直円の方は白い縁取りのされた青色の盤で、大きく四分されており、その一つ一つの部分がさらに八分されて、全体としては三十二の部分に分かれている。その上を一本の指針が回転している。／水平円の方は四色から成っている。そのそれぞれの上に振子をつけた侏儒が一人ずつ、計四人立っており、それ

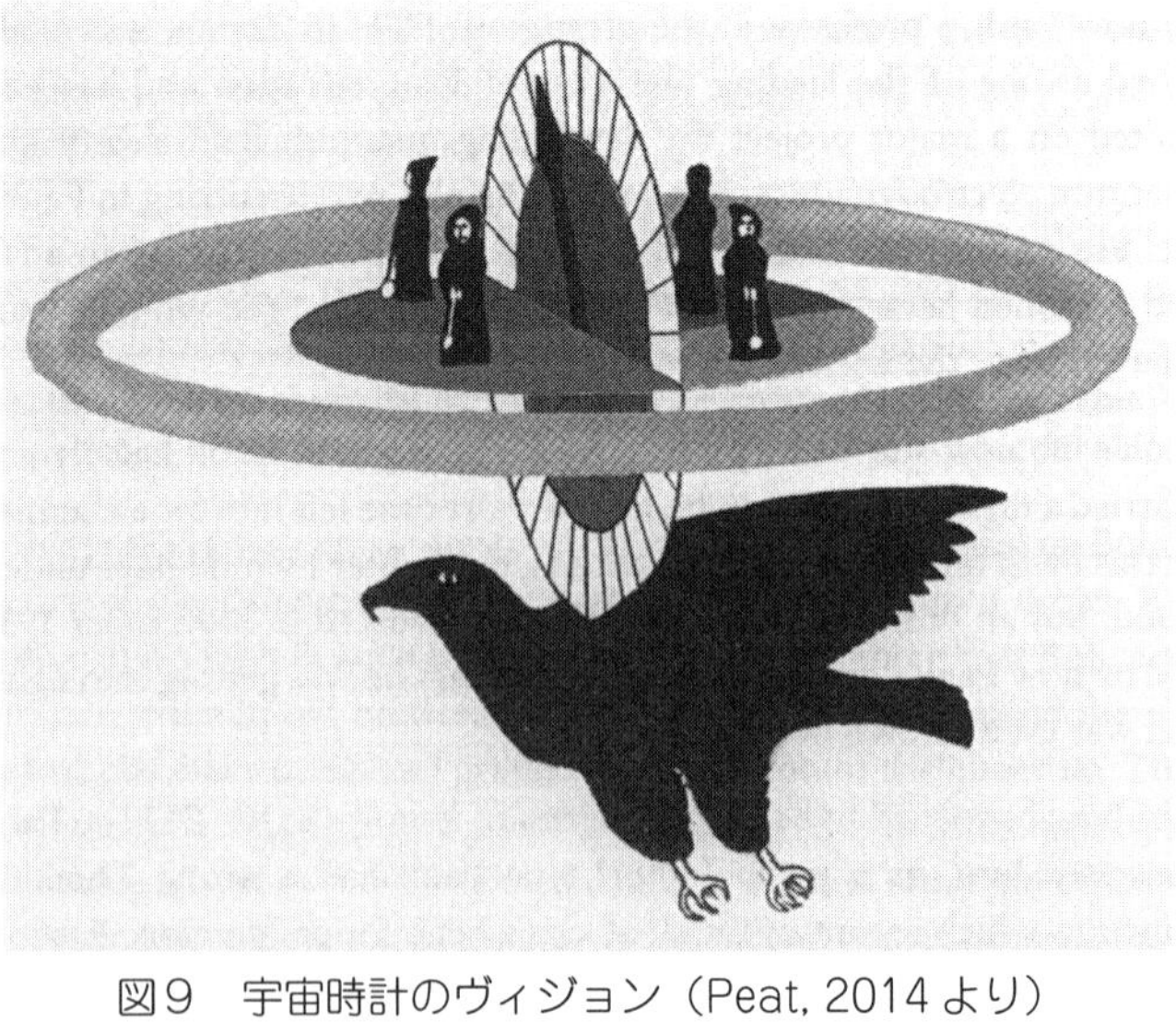

図9　宇宙時計のヴィジョン（Peat, 2014 より）

を取巻く恰好で、かつては黒っぽい色をしていたが今は黄金《きん》に変じている環《リング》（前に四人の子供が運んでいた例の環《リング》）が置かれている。／この「時計」は次のような三つの律動《リズム》もしくは脈動を持っている。／小脈動　青色の垂直円の指針が三十二分の一だけ進む。／中脈動　小脈動が三十二合わさって指針が一回転する。と同時に水平円が三十二分の一だけ回転する。／大脈動　中脈動が三十二合わさったもので、これと同時に黄金の環《リング》が一回転する。（池田紘一・鎌田道生訳）

その後、パウリはフランカ（フランツィスカ）・ベルトラムという女性と出会って一九三四年四月に再婚し、おそらくは彼女の注文もあってのことだろう、一〇月で分析をいったん終わりにしている。フランカは広い見聞を持つ、洗練された聡明な女性で、秘書などをしており、文化人との交流も多かった。フランカはパウリにとって良妻で、ふたりは終生添い遂げた。結婚生活は充分に温かいものだったようである。

しかし、フランカは、夫がユングの分析を受けたり書簡のやりとりをしたりすることはその名声を傷つけるもとになる、と考えていたらしい。パウリは朝食後、「判で押したように昨夜の夢をフランカに話し、そのあと夢の内容を書きとめた」という（Miller, 2010）が、彼女はパウリの夢を役に立たないものと見ており、彼の死後、夢の記録をすべて破棄した。

ユングは、プロゴフ宛て書簡のなかで、パウリとの分析について、「物理学と無意識の心理学のあいだにある無人地帯」に踏み込む手立てであり、「その無人地帯は……非常に魅力があるとはいえ、この時代のもっとも深い闇に包まれた猟場だった」と語っている（Bair, 2003, Miller, 2010）。しかし、それらの夢やヴィジョンは、まことに元型的なものではあったが、男性的、精神的な観点が非常に優勢で、真に女性的なものとの創造的な関係性の確立という目的に関しては道半ばのように見える。実際、パウリはいまだ情緒不安定で、アルコール濫用も続いていたらしい。酔っ払ってジグザグ運転をしたという証言もある（Peat, 1987）。

パウリはナチズムの台頭に伴う反ユダヤ主義の強まりを警戒していたが、スイスの市民権を得られず、一九四〇年にスイスからアメリカに渡った。プリンストン高等研究所から客員教授として招かれていたのである。パウリはそのまま一九四六年までアメリカで過ごすことになる。しかし、一九四〇年には原爆開発のマンハッタン計画にふれて、パウリ自身はこの計画に加わらずにすんでいたものの、科学が持つ影の側面に激しい衝撃を受けた。そして、ノーベル物理学賞を受賞した一九四五年、日本への原爆投下とその結果に対して深い罪悪感を抱くようになった。

パウリはアメリカ国籍を得たし、プリンストンにもコロンビア大学にもみずからの椅子を得た。しかし、一九四六年には、自分はヨーロッパ人だからと言ってＥＴＨの教授職に戻った。アメリカという国の科学界の空気に対して違和感を抱いていただけでなく、自然を支配して人間のために使おうとする科学の利己的な飽くなき欲望にもよほど嫌気が差していたからにちがいない。

しかし、そのようなパウリの原爆投下に対する罪悪感やアメリカの物理学会への違和感は、じつは彼の夢に現れるようになった浅黒い異国の女（細い目の中国人）のイメージに由来するものだった（Erkelens, 2002a, 2002b）。つまり、アニマの持つ感情的側面が、知的な偏りのある自我に働きかけていたわけである。この女性像は、その後のパウリの個性化のプロセスにおいて非常に重要な役割をはたすことになる。

再びスイスで暮らすようになってから、パウリはすぐにユングとの文通を再開した。今度は、夢にふたりの男性像が登場するようになった。一方は金髪で白い肌の男、他方は浅黒い肌の男である。このふたりの像は、一九四八年一一月に一つになった。それは、錬金術のメルクリウスに似た、神出鬼没で捉え難い、しかしすべての決定的な鍵を握っているトリックスターであり、パウリはこの像を放射能やセルフに関連づけて理解している（Erkelens, 2002a, 2002b, Miller, 2010, Peat, 2014）。

この内的な像はパウリに、自然の外的で物質的な側面のみならず内的で象徴的な側面をも視野に入れた、ホリスティックな立場を受け入れるよう迫った。そこでパウリは、ピタゴラスの天球の音楽を科学的に証明したという科学者ヨハネス・ケプラー、および科学の発展しはじめたその時代に錬金術師としての立場を守り通したロバート・フラッドへの関心を深めていく。前者は三の象徴、後者は四の象徴でもある。

パウリは、原爆開発のような科学の暗黒面を見るにつけ、物質の客観的な側面だけでなく、主観的側面を意識化することの必要性を考えざるをえなくなっていた。パウリによれば、科学の研究は物質を支配するためにあるのではない。その目的は科学者自身の変容と救済にある。これは、古代、中世の錬金術が、物質の外的な化学的変容のプロセスを扱うものではなく、錬金術師自身の内的な心理学的変容のプロセスがそこに投影されたかたちで経験されたものだ、というユングの発見と軌を一にするものだった。

パウリは、ケプラーとフラッドが並び立っていた一七世紀を最後に物の霊は否定されてきた、と考えていた。そして、ケプラーとフラッドが繰り広げた論争に注目した。当時、ケプラーは新たな量的研究法によって地動説を主張しており、フラッドは諸惑星の内的衝動による天動説を唱えていた。ケプラーはフラッドに対して、自分は蛇の尻尾をこの手で捕まえたが、あなたは蛇の頭を観念的に捕まえたにすぎない、と批判している（Jung, Pauli, 1952）。

しかし、当時の科学の最先端を走っていたケプラーに真理への糸口を与えたのは、まぎれもなく古い元型的な象徴の数々だった。

ケプラーに代表される物質的、量的な自然観とフラッドに代表される心理的、質的な自然観を架橋するべく、パウリはユングに長い手紙を出しはじめる。パウリは、夢やヴィジョンに出てきた物理学の用語や概念を重視し、そういう語には物質的、量的な意味だけでなく、心理的、質的な意味もあるにちがいないと考え、そこに架橋の可能性を探そうとしていた。「金髪の男」に促された、物理学的プロセスと心理学的プロセスの両方を同時に記述できる「中立語」の開発の試みは、パウリのそうした努力の一環だった（Erkelens, 2002a, Miller, 2010, Peat, 1987, 2014）。

中立語の開発は、元型の概念を、心の領域にとどまらず、物質の領域をも構造化する原理へと拡大しようとするものである。しかし、この試みがあまりに知的すぎることをパウリに告げたのも、やはり彼の夢だった。謎のペルシア人が来訪して、夢見手に教えを請いながらも、夢見手にはペルシアの物理学が理解できないことを突きつけたりしたのである（Erkelens, 2002a, Erkelens, Wiegel, 2002）。ユングも、パウリの夢やヴィジョンを普遍的な意味内容（絶対知）を持つものとしてのみ考えるのではなく、もっとパウリ自身の個人的な偏りや歪みと関連づけて理解しなければ、ケプラーとフラッドの葛藤を解消できないだろう、と書簡で助言した。

このユングの助言は、パウリにとって痛手となった。パウリは一方で、自分の壮大な試みの失敗がはっきりしてきたことに絶望し、また他方ではユングが心を重視しすぎていると批判的に捉えて、ユングから離れた。そして、一九五一年にはフォン・フランツのもとへ走った。フォン・フランツはパウリより一五ほど歳下である。ふたりの間には恋愛関係があったと言われている（Erkelens, 2002a, 2002b）。

一九五二年には、パウリとユングの共著、『自然現象と心の構造』が出版された（Jung, Pauli, 1952）。パウリは、ユングとの共著出版をやめるよう、まわりから言われていた。そもそも、パウリはユングとの関係を公言することはほとんどなかった。しかし、パウリは、ユングとの出会いやこの共著の仕事そのものが「一種の運命的な『共時性』の産物」だと考えて、ふたりの一体性、心理学と物理学の一体性を保とうとしたのだった（Miller, 2010）。

パウリはその後もときどきユングに手紙を書いていた。一九五三年には、ケプラーとフラッドに代表される二つの態度の間で引き裂かれそうだと訴えている（Meier, ed., 2001）。そのようなパウリに、フォン・フランツはアクティヴ・イマジネーションの実践を勧めた。パウリは助言に従い、同年一〇月、およそ二週間にわたってアクティヴ・イマジネーションを試みた。それが「ピアノ・レッスン」Die Klavierstunde（英訳ではThe Piano Lesson）である。

「ピアノ・レッスン」およびそれ以降

「ピアノ・レッスン」(Pauli, 2002, Erkelens, 2002a, Erkelens, Wiegel, 2002) において、パウリは、あの細い目の中国女として現れた感情を司るアニマ、そしてふたりの男性像が一つになった善にして悪であるメルクリウス的な男（物質の霊、「ピアノ・レッスン」ではマスターと呼ばれている）としてのセルフ、これらと積極的に関わりを持った。そこでは、とりわけ音楽によって、物質の領域（量子物理学）と心や霊の領域（深層心理学）とが結びつけられている。

パウリのアクティヴ・イマジネーションには、まず「フォン・フランツ博士との友情のために」という献辞がある。物語は、二つの学派（物理学と心理学）を統合しかねているイマジナーが、困りはてて、スイスのキュスナハトにあるフォン・フランツの家を訪ねる場面からはじまる。その玄関で「時間の反転」というマスターの声を耳にするや、一九一三年のウィーンとキュスナハトが交錯しはじめ、ある女（アニマ）によるピアノのレッスンへと移っていく。

一九一三年のウィーンで、パウリは、代父マッハにより本格的に物理学の世界に導き入れられた。音楽好きの祖母と続けていたピアノもこの頃にやめてしまったらしい。彼にとって、このときが、アニマないし感情と疎遠になる大きな岐路だったのだ。以下に冒頭部分（Pauli, 2002）を少しだけ引用しておく。「彼女」というのはアニマだが、ここではまだ中国女としてイメージされていない。また、「少女」となっているのはフォン・フランツのことである。

部屋には、昔そうだったように、グランド・ピアノとその他にもいくつかの家具があった。ひとりの女性がグランド・ピアノにもたれていた。彼女の髪は黒っぽく、彼女は信頼の置ける旧友のようだった。彼女は気品のある女性で、私は彼女に多大なる敬意を示すべきだと感じた。ピアノのところにいる彼女に近づくと、彼女は私のほうに手を差し出して言った。「あなたは、長い間、ピアノを弾いてないでしょう。私がレッスンをしてあげるわ」。

私は答えた。「このレッスンが楽しみです。今なら、実際、音色がとても心地よいでしょう。私はとても悩んでいますから。それに、私は、やはりおおいに悩んでいるにちがいない少女を知っていました。なぜこのことを知っているかというと、彼女がかつて私に『私の母が私の女性性を壊してしまったの』と言ったからです。でも、私には信じられませんでした。壊されてしまったものが私の琴線に触れるなどということがどうしてありうるでしょうか」。

イマジナーは和音を白鍵で弾き、黒鍵で弾き、白鍵と黒鍵で弾いていく。白鍵は現実の善なる側面ないしは霊的な側面であり、黒鍵は現実の悪なる側面ないしは物質的な側面である。両者は対立しているように見える。しかし女は、白鍵で短和音を弾いたり黒鍵で長和音を弾いたりすることもできるのだから、重要なのはピアノの弾き方を知っていることだ、とイマジナーに教える。すると、彼女があの中国女だとわかってくる。

彼女はイマジナーとの対話を重ねながら、ピアノの演奏《プレイ》によって物質と心の深い分裂を架橋しようとする。そこには、物質と霊ないし心をじつは一つの原理で統べている類心的な諸元型の働き《プレイ》が見え隠れしている。その場で即興的に紡ぎ出されていく音楽は、物質と心が共時的に結びつけられた一つの創造である。ユングは、共時的現象に関して、この現実の秩序のなかでの新たな創造だと指摘していた。また、ここでは、パウリがケプラーの解明したという天球の音楽に元型的な背景を見出したことも思い出されたい。

イマジナーは、訪れた見知らぬ人たちから請われて、彼らを前に講話を行なった。そこでは、ダーウィンとラマルクの対立を取り上げながら、進化に対して偶然がはたす役割を論じている。すなわち、突然変異と外的状況が一つの分割不能な全体として意味深く出現するということを主張し、そうした意味深い偶然の一致の発生はそこにある心的な要素を指し示していると指摘するのである。もちろん、ユングの共時性の概念を絡めながら。

その講話に続く場面（Pauli, 2002）では、中国女の指輪 ring がマンダラのイメージになる。マテリアルのなかで、それは虚数輪 ring i と呼ばれている。ここでの i は虚数単位 imaginary unit（-1の平行根）のことで、虚数輪は、複素平面上で、実数軸上の1と-1、虚数軸上の i と $-i$、これら四点を通る円である。一般的には単位円という。この複素平面上の単位円は、量子物理学では非常に重要な役割を担っており、これなしには波動と粒子の相補性を記述できない。

……私は謙虚に彼女に言った。「このレッスンももう長くなりましたね。そろそろ、あの人たちのなかにある男の世界に帰らなければなりません。でも、また来ます」。

彼女「あの人たちのなかで何がしたいの」。

私「なんとしてもマスターとの和解を試みるつもりです」。

マスターの声がただちに答える。前よりも親しげに。「それこそ私が長らく待ち望んでいたことだ」。

私（女性に向かって）「彼と和解したら、あなたに女としてのあなたの尊厳をお返しできますよ」。

彼女（驚いて）「何を言ってるの。ああ、わかったわ。マスターに拘束されていると私が前に語ったことを言っているのね」。

私「そのとおりです」。

彼女はただ微笑んでいる。

私「もうお暇しします。男の世界で私がいかなる主題を議論するにしても——この女性のおかげということになりますね」。

そこで私は深くお辞儀をして、ひとりごとを言った。「私の意識は、対立し合うペアがなければ存在しえない。それゆえ、男性としての私にとって、私の意識を超える単一性［統一性］はつねにこの女性とともにあるだろう」。

もう立ち去るべき時が来た、と私は感じた。しかし、私は再びマスターの声を聞いた。「待ちなさい。進化の中心の変容」。

私は思った。「昔こう言われていた。鉛は黄金に変わる、と」。

そのとき、女性は自分の指から指輪をはずした。私はそれまでその指輪に気づいていなかった。彼女はそれを宙に浮かせて、私に言った。

「あなたの数学の学派に由来するこの指輪をご存知でしょう。これが虚数輪よ」。

　このマンダラは四つの要素（四元素）から成っていて、その意味でも全体性を表す。そして、みずからの尾をくわえる蛇、すなわちウロボロスでもある。この頭と尾のつながった蛇のイメージは、パウリが何年もの間悩まされてきた、ケプラーに代表される立場とフラッドに代表される立場との葛藤や矛盾を止揚する結合の象徴であり、ここにはいわゆる超越機能を垣間見ることができる。

イマジネーションの最後の場面では、かのマスターの声が若々しく変容し、虚数輪のなかから聞こえてくるようになる。はじめのうちはマスターの指示に従っていた中国女としてのアニマが、じつは錬金術の容器のなかでセルフをも更新させうる大いなる力を持った存在であることが、こうして明らかになるのである。パウリの未分化だった内的な女性像はこうして成熟し、鉛を黄金に変容させるような錬金術を演じて見せた。

ところが、イマジナーはそこで唐突にアニマに背を向けて去ってしまう。予感的なものであるとはいえ、せっかくこれほどの変容を目の当たりにし、また統合の方法を広く伝達する必要性を認識させられもしたのに、現実のパウリもこうした架橋の知恵を公にしたり世に問うたりすることはなかった。フォン・フランツによれば、パウリがみずからの名声を危険にさらすことを恐れてのことだったという（Erkelens, 2002b）。

その後、パウリは、考え方のちがいからフォン・フランツのもとを去った。ユングとは、秘書役でもあった分析家アニエラ・ヤッフェを通してかろうじてやりとりをしていたが、ハイゼンベルク宛ての書簡で、みずからの内的経験を伝えることを放棄すると宣言したまま、一九五六年一二月一五日に帰らぬ人となった。しかし夫人によると、パウリは今際《いまわ》のきわに、「ただひとり、いま心から会いたいと思うのは、C・G・ユングだよ」と言ったという(Erkelens, 2002c)。

パウリとスサノヲ

パウリは桁外れの発達系だったにちがいない。不器用さや情緒面での未分化さ、心的能力の極端な偏りだけでも、それが示唆されるが、他にも第四章で紹介したさまざまな発達系の特徴を見せている。たとえば、ソンディの言う「怒りと宗教性」である。ソンディはその洞察を、てんかん者ドストエフスキーの家系が殺人者と聖職者で満ちているという事実から得たのだったが、パウリは自身について、「犯罪、暴力に走る資質(そのために人殺しになっていたとしてもおかしくありません)がありました」と振り返りながら、「世間から完全に隔絶された存在――唐突に恍惚状態《エクスタシー》と幻像に襲われる、知性のかけらもない世捨て人――になってしまった」とも述べている(Miller, 2010)。

ある種の深い宗教性がパウリにはあった。それは、天才の閃きとしての啓示を受け取る能力、自身は関わっていない原爆投下への罪悪感、物理学に心を求めるという霊性の発露などのなかにはっきりと見て取れる。錬金術に対する志向性も宗教性によって支えられている。パウリのアルコールの多飲も、ユングがＡＡ（アルコール依存症者の自助グループ）の設立をめぐって示唆した（Bill，1939）ように、宗教的なものへの深い渇望と関係があったかもしれない。もちろん、ユダヤ人としてこの世に生を享け、父親の代からユダヤ教とキリスト教の間で揺れ続けていたことも、彼の宗教性と無縁ではなかっただろう。

他方、激しい怒りもパウリの特徴だった。他者への無神経で傍若無人ともいえるような攻撃的言辞は、いつも周囲を困らせていた。おそらくその背景には、非常に素朴な、子どものようなまっすぐさと独自の倫理観があっただろう。つまり、彼は義憤のような怒りに満ちていたのではないかと思われる。そして、いわゆる「パウリ効果」には、彼の持っている発作的な破壊性と衝動性がまことに象徴的に示されている。

以上のような特徴には、「怒りと宗教性」(Szondi，1952）のみならず、たとえば「受身の外向性」（河合，1972，1987）を見出すこともできる。パウリの、あまり状況をわきまえることのない、歯に衣着せぬ激しい他者批判は、心の内と外との障壁が薄いことを暗示している。思ったことをそのまま口に出す、感じたことで即座に反応するのは、「受身の外向性」の現れである。母親への強い思慕や異性との未熟な関係性など、「原初的エロス」（河合，1972，1987）を思わせるエピソードにも事欠かない。総じて、河合逸雄の言う「森羅万象との融合」（河合，

1972, 1987）をパウリは生きていた。

また、子ども時代に妖精をひどく怖がったということから、パウリの内界のリアリティの鮮烈さがわかる。おとなになってからもそれが変わっていないのは、彼の夢やヴィジョンやアクティヴ・イマジネーションにおける豊かなイメージが強烈な芸術的ともいえるような直観と創造性に満ちていて、しばしば啓示に満ちた不意の跳躍を見せることのなかにもはっきりと感じられる。この才能は、閃きの芸術家としての特徴であり、「童謡《わざうた》の人」（老松, 2014）と呼ぶにふさわしい。そういえば、パウリは一時、喜劇役者になりたいと本気で願っていたこともあった。

こうした子どもの塊のようなパウリの生は、つねに「今ここ」を生きているイントラ・フェストゥム的なあり方（木村, 1980）を思わせる。そもそも、毎晩、バーで夜通し酒を飲んでいるとか、酔っ払って喧嘩をしては叩き出されるなどといった生活は、その日暮らしの「今ここ」的な感覚がもともとなければできるものではない。ただ単に自暴自棄の結果としてのみ見るのでは不充分である。だいたいパウリは、天才的な閃きを自分の将来のために業績として積み上げていくより、惜しげもなく周囲の学者たちに提供していた人だった。

以上のようなあれこれの特徴を、外的、内的な見捨てられ経験にもとづく人格系のあり方のそれとして理解することも、もちろんできないわけではない。情緒の不安定さや攻撃性にしても、アルコール濫用にしても、人格系の抱えている自己愛の傷つきに起因するものとしての側面はやはりあるだろう。もとより、人は誰でも、人格系と発達系のハイブリッドである。パウリに人格系のあり方が見られてもなんら不思議はない。

とはいえ、パウリの生涯は、あのスサノヲの姿を彷彿とさせる。亡き母親への思慕の強さ、自分のアイディアを他人の手柄のためによろこんで提供する邪心のなさ、「勝ちさび」にも似た「パウリ効果」の破壊性、冗談半分とはいえ高価な装置の故障を恐れる同僚から実施された研究室への立ち入り禁止措置、あたかもアメリカ大陸の罪や穢れをひとりで背負うかのように合衆国から去ったことなどは、その核心部分と言えよう。スサノヲは高天原から罪や穢れとともに追放されたが、そもそもはスサノヲ自身が根の国行きを望んでいた。パウリの離米をめぐっては、そのことを思い出されたい。

まだまだ、これだけではない。ノーベル物理学賞受賞の偉業は、葦原中国《あしはらのなかつくに》におけるスサノヲの英雄としての仕事を連想させるし、フォン・フランツという恋人の獲得と「ピアノ・レッスン」の創造は、クシナダヒメとの神婚およびわが国最初の和歌「八雲立つ……」の神詠を思い出させる。そして、そのあと、間を置くことなく根の国へ……。このように、パウリの人生はスサノヲの自己実現の物語だったと言っても過言ではない。

では、発達系の元型的モデルとしてのスサノヲとは別に、共時性の元型的モデルとしてのスサノヲにおいていちばん重要な特徴である「誓約生み《うけい》」、つまり占いについてはどうだろうか。端的に言えば、パウリの生涯はまさに、占いという行為に象徴される非因果的連関の探索に捧げられていたと見てよいのではないかと思う。パウリの排他律の要点がその非因果性にあることはすでに述べたが、そこには全体性を重視する場の物理学があった。

「シュレディンガーの猫」と呼ばれるパラドックスのように、蓋を開けて見るまではどういう状態にあるのかわからないという量子の特徴は、まさしく占いに通底するところがある。パウリという人は、宇宙の根本を成すサイコロ遊びという意味深い偶然を研究する端緒を開いたのだった。アインシュタインは当初、量子論を批判して「神はサイコロ遊びはしない」と言ったが、のちには量子論を認めざるをえなくなり、パウリのことを自分の後継者だとも言った（Miller, 2010）。

くわえて、共時性の原理に関するユングとの共同研究。ユングとパウリがＥＴＨで出会ったこと自体、文字どおり、意味深い偶然とも言うべきできごとだった。量子の共時的なふるまいを見出していたパウリは、物理学の観点からユングに多くの示唆を与えた。共時的に出会った、共時性を研究するのに最もふさわしいふたりが、実際に共時性について議論を続ける……。この何重にも張りめぐらされた共時的現象の網の目こそが、この類を見ない原理の発見を可能にしたのである。

パウリによる運命との折衝

共時的現象は、それを経験する人に対して、運命、宿命、使命、召命を明らかにする。このことは占いをめぐって典型的に見ることができる。しかも、その経験はたいてい、あまり穏やかなものではない。共時的現象は、あたかも荒ぶるマレビト神のように、唐突に「今ここ」に訪れる。それはきわめて暴力的な侵入となることが多い。その共時的現象が幸運なものであれ不幸なものであれ、発作的な性質を持っていることにかわりはなく、生の時空の連続性に一種の断絶をもたらす。

しかしながら、そこには、個性化のプロセスにおける大きな転換点がある。共時的現象の経験は、彼岸に到達できそうもない深い奈落を跳び超えられる、最大のチャンスになるからである。共時的現象をいかに個性化のプロセスに有機的に組み込んでいけるか。それがプロセスの行方を決定的に左右するかもしれない。求められるのは、共時的現象を契機とする、運命、宿命、使命、召命との対峙であり、折衝である。

パウリの場合、「パウリ効果」と呼ばれた頻回の共時的現象があった。「パウリ効果」はただの偶然の連続ではなく、同僚らによってたしかに共時的な現象と見なされていた。はたしてどこに意味深い偶然の一致があると見なせるのか。それは、パウリが理論物理学者であり基本的に実験嫌いだったこと、そして彼の周囲の実験装置に起きた原因不明の故障、この二点の符合があったことによると考えればよいだろうか。

パウリは、実験系の物理学者たちから、「パウリ効果」と冗談めかして、しかしどこか辛辣に揶揄されながらも、ずっと理論物理学者としての立場を堅持した。通常、実験では、因果律にもとづいて結果を再現できることが求められる。しかし、パウリは、そのような因果律と実験から距離を置き、素粒子間での非因果的な関係性のあり方を明らかにする必要不可欠な土台を構築した。そのことがノーベル物理学賞の受賞に結びついた。

ユングは、人生の前半における個性化の課題は自我の確立にあるとしている（Jung, 1997)。この時期には、生き方に多少の偏りが生じようとも、みずからの確固たる立場、観点、価値観などを構築することが重要である。パウリは、前半生における個性化のプロセスとしては最高の仕事をしたとも言える。パウリのノーベル賞受賞は四五歳のときのことだが、彼の二〇代における業績に対して与えられたものなのだから。

しかし、人生の後半になると話はちがってくる。人生の前半では、自我を確立するためなら少々の偏りもよしとされたが、後半にはその偏りを解消し、バランスのとれた心のあり方を目指さなければならない。すなわち、そのような意味合いでの心の全体性の実現が個性化の目的となる。前半での偏りが大きくなっていればいるほど、後半での個性化の作業は困難なものになる可能性が高い。

　パウリがもともと相当な発達系であり、それに伴う天才をフルに発揮して前半生を生きたとすれば、人生の半ばには、その心的機能の偏りに起因する関係性の歪み、あるいはその軋轢から二次的に派生してくる自信喪失や自己嫌悪などが溜まりに溜まってくる。それがパウリを雁字搦めにし、身動きがとれないようにしてしまう。オーストリアからスイスに移り住んで数年後、身も心もボロボロになっていたパウリは、ユングに出会うという千載一遇の好機を捉えた。

　ふたりが出会った当時、パウリは三〇代に入ったばかりで、非因果的な物理現象に関する二〇代での仕事をなし終えていた。一方、ユングのほうも、じつはすでに共時性の概念を温めていた。ユングが本格的に共時性を論じはじめたのは一九五一年（Jung, 1951）以降だが、この術語をはじめて用いたのは一九二九年のセミナー（Jung, 1984）においてである。この事実を思えば、ふたりが一九三一年に出会ったのはまさに奇跡的であり共時的だった。その結果、およそ二〇年後に共同研究を出版することになるのである。

　このときから約三年間、パウリはユング派の分析を受け、みずからの心の問題と向き合った。しかし、残念ながら、これは、パウリの抱えている深刻な問題を充分に扱うにはあまりにも短い。彼の夢やヴィジョンは非常に元型的、錬金術的なものだったが、いまだ相当に知的な理解に偏っていた。再婚を機にパウリは分析との縁を切ってしまう。パウリによる運命との折衝は、ここではあまりうまくいっていない。

それからのおよそ一〇年間、パウリ夫妻はアメリカで暮らすことになる。やはりそこには、自身の問題からの逃避という側面もあったにちがいない。しかし、パウリは原爆にまつわる言いしれぬ罪悪感が内から湧き上がってくるのを経験し、その背後にいたアニマによる促しに応じて再びスイスの地を踏んだ。これは、共時的現象に導かれて開始したのに中断となってしまっていた、パウリ自身の運命との折衝を再開するチャンスだった。

この時期以降パウリは、物と心、物理学と心理学を架橋しようと努めるようになる。そのこと自体には、即物的すぎる発達系のあり方を人格系としてのあり方で補償する試みという意味で、少なからず好ましい面もあった。錬金術の象徴学をよすがとして物に心を宿らせようとするパウリの試みは、物理学者としてはまことにみごとな選択であるとも言える。そして、それは、共時性を抽象的な概念として扱ってユングと共同研究をするのには非常に都合がよかった。

しかしながら、夢やヴィジョンに現れるイメージを超個人的な次元でのみ捉えようとする彼の姿勢は、やはりみずからの運命との折衝に真摯に向き合っているとは言えないものだった。そのため、パウリはユングと疎遠になってしまう。せっかくの可能性は、ここでいったん潰えかけた。それでもパウリは、アニマの声を聴こうと努めるくらいの変容は遂げていた。フォン・フランツの助力のもと、アクティヴ・イマジネーションに取り組むのである。

このアクティヴ・イマジネーションのなかでは、すでに述べたように、白鍵と黒鍵を用いた東洋の女性による即興的な音楽という創造の行為において共時性の原理が働いている。それは最後に統合的なマンダラの生成に至った。にもかかわらず、パウリは、共時性に導かれたこの深い超越機能の経験を自分自身に関することとして心底から受け入れて消化することのないまま、課題を放棄してしまう。

パウリの死の床が共時性に彩られた病室だったことは示唆的である。新たな創造としての側面を持つ共時性は、その裏側に死や終末や破滅としての側面も持っているのだ。個性化のプロセスが共時性に導かれて進むものであり、そのなかで運命、宿命、使命、召命との対峙や折衝がなされていくとするならば、私たちは、そこに光の側面と闇の側面がありうることを肝に銘じておかなければなるまい。

第八章　超常への窓

ユングの密かな関心

　ユングは生前、自身の経験した超心理学的現象についてほとんど語ることがなかった。いくつかの私信において、わずかに述べているだけである。それゆえ、本書の冒頭でも引用したような不思議な体験がたびたびあったことがようやく一般に知られるようになったのは、死後に自伝（Jung, 1971/1987）が出版されてからだった。ユングのこの特異な様式を持つ自伝は、自身の夢やイマジネーションの経験、あるいは思索を中心に綴られている。

　そして、たまに外界の現実をめぐって述べているところでは超心理学的現象、つまり超常現象がその内容になっていることがしばしばである。ユングは終生、密かにそうした現象に関心を持ち続けていたが、立場上、それをあからさまに語ることはできなかった。それでも、意を決して、ついにその一端にふれたのが一九五一年のエラノス会議における講演「共時性について」(Jung, 1951) であり、パウリとの共著『自然現象と心の構造』(Jung, Pauli,

1952）だった。

すでに述べたことだが、この晩年の著書においては、ラインのＥＳＰ実験を大きく取り上げており、みずから占星術にまつわる実験も行なっていることから、ユングが共時性を広い意味での超常現象と重ね合わせて考えていたのは明らかである。別の言い方をするなら、彼が若い頃から興味を抱き続けてきた超常現象に対する説明の基盤として、共時性なる概念が生み出され発展させられたことになる。

ユングは、現時点では合理的な説明がつかない事象でも安易に存在を否定しない、という立場を貫いた。いやしくも共時性について検討していこうと思うなら、そのような態度を断固として保持していなければならない。本章では、私たちもユングとともに、勇気を持って超常現象の扉の前に立ってみることにしよう。

ユングは『ユング自伝』（Jung, 1971/1987）のなかで、ある夏に自宅で起きた不思議なできごとについて語っている。あのフロイト邸で発生した謎の爆発音に先立つこと、およそ一〇年。ユングが医学生だった頃のことである。ユングが読書をしていると、母親が編み物をしている隣のダイニングで不意に大きな発砲音のような音がした。あわてて駆けつけてみると、母親の間近で、作られて七〇年ほど経つ硬い胡桃のテーブルの天板が裂けていた。ユングは仰天したが、ことはそれで終わりではなかった（図10）。以下、『自伝』から引用しよう。

二週間ほど経ってから、私は夕方六時に帰宅し、実際——母、十四歳の妹、それに女中——が動転しているのをみつけた。一時間ほど前にまたもや耳をつんざくような音がしたのだった。今度は前にいたんだテーブルではなく、十九世紀初頭のこった食器テーブルの方向から音がした。彼らはそれをくまなく調べたが、裂けたあとを見出せずにいたのだった。私は直ちに食器テーブルの周りをすっかり調べあげてみたが全くむだであった。それで私は内側を調べ始めた。パン籠の入った食器テーブルの中に私はひとかたまりのパンとその傍にパンナイフのあるのをみつけた。その刃の大部分は粉々にわれていた。柄は長方形の籠のすみにあり、もう一方のすみには刃の切れはしがとび散っていた。ナイフはほんの少し前四時のお茶の時間に使って、片付けてあったのである。そのあと誰も食器テーブルのところへは行かなかった。

翌日私は粉々になったナイフを町一番の刃物師のところへ持っていった。彼は虫めがねで割れ目を調べ、頭を横に振った。「このナイフはどこも悪くはありません。鋼には故障はありません。きっと誰かが故意に粉々にこわしたにちがいありません。たとえば刃をひきだしの隙間に差し込ん

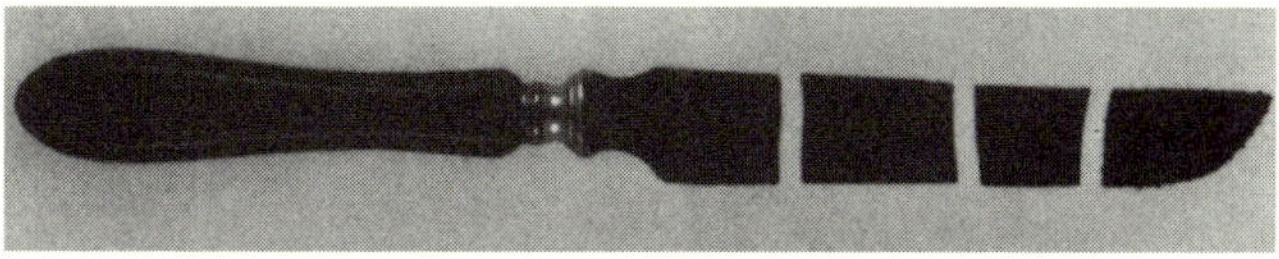

図 10　折れたナイフ（Jaffé, A., 1977 より）

で一息に折るとこういう風になります。さもなければ、とてつもなく高い所から石の上に落したのかもしれません。でも、よい鋼はこわれはしません。誰かがあなたをからかっているのです。」私はそのナイフの破片を今も保管している。（河合隼雄ほか訳）

ユングはこの現象が理解できず、途方に暮れた。しかし、数週間後、親戚が集まって降霊会をやっており、「夢中遊行状態と巫女的現象を引き起こす」そこの優秀な霊媒である若い女性（ユングの従妹、ヘレーネ）をユングに会わせようとしていたことがわかった。ユングは自宅での現象がこの霊媒と関係があると考え、降霊会に足繁く通うようになったのだった（Jung, 1971/1987）。

結局、この時点でのユングには、自宅での現象の原因は説明できなかった。しかし、このときの降霊会でのさまざまな経験がのちにユングの博士論文になった（Jung, 1902）。そこでは、無意識の自律性や自我を超える内的実在というユングならではの画期的な発見があったが、医学論文という制約もあって、ラップ音などを含む降霊現象は基本的に合理的な医学的、心理学的な立場から論じられるにとどまった。

元型的な状況と超常的経験

『ユング自伝』はもっと自由な立場から書かれているので、さまざまな不合理な共時的な経験は不合理なままで回想されている。共時的な現象が起きやすい条件として元型的な状況があることはすでに述べた。そのような元型的な状況として代表的なのは、誕生、結婚、死などにまつわるものだが、とりわけ身近な人や自分自身の生死に関わるそれは強力である(Frey–Rohn, 1980)。

以下に引用するのは、じつはそのような状況にあることをユング自身もよくは知らずにアクティヴ・イマジネーションのなかでした経験である(Jung, 1971/1987)。アクティヴ・イマジネーションもまた共時的な現象と関係が深いという事実を思い出してほしい。なお、以下の引用に出てくる「想像」と「幻像《ヴィジョン》」は、いずれもイマジネーションのことである。

ある夜、私は目覚めたままで横になって、その前日葬式が行われたばかりの友人の急激な死について考えていた。私はそれに深く心を奪われていた。すると突然、彼が部屋にいることを私は感じた。彼がベッドの横に立って、彼についてくるようにと私に問いかけているように思われた。……私は真剣に自問した。「これは空想だという証拠があるだろうか……。」

しかし、彼が幽霊として私の前に立っているという証拠も同様にほとんどない。私は自分に言いきかせた。「……彼を空想だとして説明し去るよりは、疑わしい点は彼に有利に解釈して、ひとつの実験として、彼を現実のものとしてみることにしよう。」このように思った時、彼は戸口にゆき、彼に従うようにと私に手まねをした。……私は心の中の議論をもう一度くりかえさねばならなかった。その後はじめて、私は想像の中で彼に従っていった。

彼は私を家の外へ導き、庭や道を通って、とうとう彼の家まで行った。(実際に、彼の家は私の家から数百メートルのところにある。)私は家にはいり、彼は自分の書斎へと導いた。彼は踏台にのぼり、上から二番目の棚にあった赤い表紙の五冊の本の中から、二冊目の本を私に示した。ここで、私の幻像《ヴィジョン》は終わった。私は彼の書斎をみたことがなく、どんな本を彼がもっているかを知らなかった。もちろん、彼が上から二番目の棚に示した本のタイトルは、下側にいる私には、決して解るものではなかった。

この経験にあまりにも好奇心をそそわれたので、翌朝、私は彼の未亡人を訪ね、友人の書斎をみてもよいかとたずねた。果して、私が幻像《ヴィジョン》で見た書棚の下では踏台があり、そこに近づくまでに、赤い表紙の五冊の本が目にはいった。私は、本のタイトルが読めるように踏台にのぼった。それはエミール・ゾラの小説の翻訳であった。第二巻のタイトルは、『死者の遺産』であった。その内容はあまり興味のあるものではなさそうであったが、そのタイト

ルのみが、この経験に関しては全く意義深いものであった。（河合隼雄ほか訳）

ここでのユングは、本章のはじめに引用した、不合理なものごとの存在をにわかに否定しないという態度を保持している。それにしても、このように、あとで外的な事実が内的なイメージ体験と一致することがはっきりわかると、私たちは超常現象をいかに理解するか、回答を出すよう土俵際まで追いつめられることになる。

しかも、これと類似のできごとは案外珍しいものではないのだ。たとえば、ユングの弟子であるフレイ-ローンという女性分析家も次のような経験をしている（Frey–Rohn, 1980）。やはりそこにも、身近な人が死に臨んでいる状況があり、さらにはアクティヴ・イマジネーション（能動的想像）による関与という事実がある。

わたしはそれを死との関わりで経験し、非常に深い感銘を受けた。……一九三九年のクリスマスの夜のことだった。私は三時ごろに、くり返し聞こえる音に目を覚ました。ランプを灯したが、家具の鳴る音はやまなかった。待って、消して、また灯けたが無駄だった。そこで、能動的想像によってその現象を確かめようとした。そのことに集中しているうちに、私は階下で先日、ある婦人が流感にかかっていたことを思い出しはじめた。入ったことはなかったが、ファンタジーのなかで私は彼女の寝室に移動した。想像のなかで私は、上の端に火のついたローソクが固定されている病床を見た。なかば意識的、なかば無意識的に、私は内的衝動に駆られて『チベットの死者の書』を手にとり、はじめに述べられている箇所を声に出して強い調子で読んだ。そこでは、導師が次の言葉を故人に言っている。「おお、高貴な出の人よ。死とよばれるものが今訪れた。あなたはこの世を去るが、一人ぼっちではない。死は万人に訪れるのだから。愛や弱さから、この世にしがみついてはならない……」。それから私は、後の部分をすべて朗読した。結果は驚くべきものであった。物音がまったく突然に鳴りやんだのである。翌朝、その婦人が予想外なことに、その亡霊現象の約二時間後に亡くなったことを聞いた。その経験は、私にとって強烈で、後にまで残った。私の部屋の亡霊騒ぎは、死との闘いに重なっていたという印象がある。私の職業を承知していた故人は、その戦いをやり抜き、そのなかで、たぶん私に助けを求めていたのである。それが、秘密の死の世界と衝撃に接触した最初であった。約十六年後、父の死の少し前のこと、私はさらに強烈な経験をもった。彼の死が近いことを劇的なしかたで予告されたのである。父が脳卒中を起こしたと母が電話で伝えてきたその瞬間に、私の住まいの二つの書架が崩れ落ち、全部の本が床に落ちた。最初のショックが過ぎたあと、私は奇妙なその出来事について考えた。そして、それは父の魂が肉体から解放されはじめたことの知らせだと考えるよりなかった。同時に生じた現象、つまり火の玉が光りながら私の仕事部屋の一方の壁からもう一方へゆっくりとよこぎったのも、同じことを差し示しているようにみえる。

　死を知らせるしるしは、さらに遡ることができた。つまり、父に脳卒中の起こったその昼、私は廊下に一匹の大きな黒いクモを見つけた。何度も捕まえようとしたが、そのつど逃げて、おしまいには居間に潜り込んだ。そして父が死ぬまで、そこでは目につかなかった。その死の時になってやっと、隠れ場所から這い出て来たのである。それで、追い出すことができた。これらの出来事は、私が死との関わりでもった最も強烈な経験である。（氏原寛・李敏子訳）

　ユングが超常現象に関して与えた答え、それがまさに共時性と名付けられた原理だった。ただし、それは超常現象が起きるメカニズムを説明するものではない。ここで言う「メカニズム」なる語が、合理的で因果論的な性格を有する意味合いでないのなら別だが、共時性の概念は、ただ超常現象を事実そのままに受け入れ肯定する。しかし、このことがまた非常に難しく、厄介なのである。

　なにしろ、超越的な見えない原因を想定したり導き出したりするのは、非因果的であるとする共時性のそもそもの定義に反することになる。それでも、私たちは、共時性がもたらす影響や結果、あるいはその特有な性質を考えることはできるし、ユングのこの遺産を受け継いだ以上はそうしてみなければならない。

共時的にして超常的

そこで自験例を紹介して、その点を検討してみることにしたい。前章であげたパウリの事例におけるできごとは、共時的ではあるが、必ずしも超常的ではなかった。それに対して、今からあげる事例は、共時的にして多少とも超常的である。そもそも私が共時性をテーマとする本書を執筆してきて、この最後の章に取りかかったまさにそのときに起きたという事実からして共時的であると言ってよい。

Ｐさんは五〇代後半の男性である。分析に通うことになった本来の主訴は、軽度の方向喪失感。大雑把に言うなら、老いに向かってこれから何を目指しどう生きていくかがテーマになっている。この主訴と直接の関係はないのだが、Ｐさんは、今年の一月、日常生活上の何ということもない動きをした瞬間に一方の股関節に強い痛みを覚えた。

若い頃から、年に何回か、ちょっとした拍子に股関節がわずかにはずれかけてガクンともとに戻ったような感じを覚えることがあったのだという。先天性股関節脱臼というほどではないにしても、股関節がもともと亜脱臼気味だったのかもしれない。Ｐさんはスポーツ好きで、日頃から体をわりあいよく動かしているが、その際にもこれほどの痛みを覚えたことはなかった。

今回は、動きの向きや角度がたまたまよくない方向でぴったり合ってしまったのか、これまでになかったくらい本格的に脱臼しかけたようである。反射的に大腿の内転筋群も強く収縮したらしく、肉離れも伴っていた。しかし、大の病院嫌いのPさんは、病院受診はせず、跛行《はこう》でゆっくりゆっくり歩きながら、自然に回復するのを待っていた。

はじめのうちはひどい跛行だった。それでも、そのうち、しだいに軽減していった。七月には跛行はとっくになくなっており、通常の動きなら誰にもその不調はわからないくらいになった。ところが、八月末になっても股関節の違和感がしつこく残っており、寝返りを打つときなど、大腿骨頭の臼蓋《きゅうがい》へのはまりが浅い感覚が続いていた。あと一歩のところがどうしても改善しないのだった。

Pさんは、日頃からあれこれ教えてもらっている武術の指導者に、その違和感のことを相談してみた。その武術家からは、負傷の経緯や内容からするといくぶん不可解な状態に思われてならない、との返事があった。くわえて、相応の外的な原因もなしに体軸を乱される状態になったり、体軸が乱れているがためになにがしかの症状が出たりする場合、身体的な問題に見えてもじつはそう単純ではないことがあるから注意するほうがよい、という助言もあった。

注意するほうがよいと言われても……と困惑するPさん。それを見た武術家は、「病院に行くのも嫌だということだし、電話を介した遠隔治療をしてくれる施術師を知っているから紹介しようか」と言う。そして、「話をしておくから、明日の夜にでも電話をしてみたらいい」と勧めてくれたのだった。遠隔治療と聞いても、Pさんにはピンとこなかったが、せっかくなので勧めに従ってみることにした。

翌日はたまたま休みだったこともあり、Pさん夫妻は久々に遠出をした。一〇〇キロほどの距離にある景勝地を訪れ、そこに隣接している神社にもお詣りしたのだった。なかなかに神さびたお社で、Pさんはいたく気に入った。参拝を終え、門も閉まりはじめた夕刻、帰ろうとして、境内に隣接する駐車場まで戻った際のこと。Pさんは左手に刺すような痛みを感じて、跳び上がった。

これまでにもPさんは、神社仏閣に行くと手がビリビリしたり冷感や熱感を覚えたりすることがときどきあった。しかし、それはごく軽いものであるのが常で、このときのような痛みに似た感覚を経験したのははじめてだった。ちょうどそこは、厚い生け垣に遮られて見えてはいなかったが、本殿の真横に当たる位置だったので、そのせいだろうかと考えた。

帰宅したときにはもうすっかり夜になっていた。とるものもとりあえず、Pさんは、さる高名な神道家の裔だというその施術師に電話をかけた。簡単な挨拶のあと、施術師は大雑把な経過を聞くと、受傷した頃にどこか自宅から北西の方角にあたる社寺に詣でたことはないかと尋ねた。思いあたることはない。それから半時間ほど「遠隔治療」と呼ばれる独特の施術を受けたところ、心なしか股関節の違和感は和らいだように思われた。

施術師による見立てでは、背骨の曲がりが症状のいちばんの原因とのことだった。日常生活のなかでどういうことに気をつけるべきかを説明しながら、施術師は、Pさんが耳を疑うような言葉を口にした。施術の途中、Pさんに憑いていたらしいモノが出てきたので、ついでに祓っておいた、というのである。「私が咳をしたときがあったでしょう。あのときですよ」。こともなげに施術師はそう言うのだった。

それこそがPさんが北西の方角に行ったときにもらってきたものであり、股関節の症状が発生したことと関係がある、ということらしい。Pさんは呆気にとられてしまった。狐につままれたような感じとはまさにこのこと。どうにも腑に落ちなかったが、もう夜も更けていたので、Pさんは施術師にそれ以上尋ねることは控え、丁寧に治療をしてもらった礼を述べて電話を切った。

明らかになった符合

納得がいかなかったPさんは、日記を見返してみた。すると、その記録から、もうすっかり忘れかけていた、ある苦い一連のできごとが脳裡に甦ってきた。そして、そこにはさまざまな偶然の符合が感じられ、心底からの驚きを禁じえなかった。さらには、少しばかりの怖れも。施術師の言葉に対するそれまでの疑念は一気に氷解し、以下に述べるように、いっさいのことが有機的なつながりをもって再構成されたのだった。

話は少し過去に遡る。Pさんが股関節を傷めた日の夜である。離れて暮らしている甥っ子が、相談があるといって久しぶりにやってきた。甥は遠い田舎の実家を離れて、Pさんと同じ県内で働いている。同じ県内といってもそう近くはないのだが、甥はPさんを頼りにしている。Pさんにとっても息子のように思われて、いつも親身に相談にのっていた。

今回、甥は、いつになく真剣である。恋人がいて結婚を考えているので話を聞いてほしい、というのである。どうやら両親にはあまりいい顔をされていないらしかった。Pさんは奥さんといっしょに、どんな娘さんだろうかと期待しながら聞いていたのだが、しだいにつらい気持ちになっていった。彼女はどうやら、母親との間にかなり深刻な葛藤を抱えているようなのである。

それだけではない。彼女の母親とその母親（彼女の祖母）との関係性にも問題があるようだった。しかも、不幸なことに、彼女は父親も早くに亡くしているという。彼女が苦労を重ねてきているることはまちがいなさそうである。困難な環境が人を損なうこともあれば、苦労が人を磨き成長させることもある。後者であってくれれば、とPさんは、祈るような気持ちで話の続きを聞いていた。

しかし、話の端々から伝わってくる感じでは、彼女は学校でも職場でも適応できたためしがないようだった。もっとも、不適応の実態については、具体的なことがあまりわからない。甥も彼女に訊きにくかったのだろう。そこで、Pさん夫妻は意を決して、甥にこう伝えた。詳細がわかれば見方も変わる可能性はあるが、現時点では結婚に賛成しかねる。彼女からしっかり事情を訊き、もう一度考えてから相談に来てほしい、と。

甥は、彼女がどれほどたいせつな人であるか、どれほど彼の助力を必要としているか、Pさん夫妻にせつせつと語った。しかし、詳細を訊くことができずにいたのも事実なので、確かめてからあらためて相談にくることに同意した。彼は表面上は平静だったが、伯父夫婦のこの言葉にひどくショックを受けたらしかった。そのため、それからしばらくの間、音信不通になっていたという。

結局のところ、甥は彼女と別れることになった。彼はPさん夫妻にそう言っただけで、どのような内容の話だったのか語ることはなかった。それゆえ、詳しい経緯はわからない。しかし、いずれにせよ、彼女にとっては、これまでの不幸にさらに輪をかけるような経験となったことだろう。まことに不憫な話である。彼女の傷つきは計り知れない。これがだいたい六月頃のことである。

八月の半ば、甥がまた顔を見せにやってきた。相談にのってもらった礼を言いにきたのだが、浮かない顔をしている。それで、気分転換に皆でどこかに出かけようということになり、Pさんは、何の気なしに、とある神社を提案した。二週間ほどのち、遠隔治療の日にPさん夫妻が訪れたところである。甥はそこには行きたくないと言う。別れた彼女と行った場所だから、という理由で。そのため、このときは別の観光地に行くことになった。

そういうことが遠因としてあって、Pさんは、望んでいた参拝が先延ばしになっていたこの神社に、たまたまとはいえ、ほかならぬ遠隔治療の日に訪れることになったのである。この神社は、Pさん宅から見て北西の方角に鎮座している。方角といい、経過といい、あの施術師の言葉を裏づけるものであるようにPさんには思われた。

Pさんは遠隔治療の際には以上のようなあれこれを思い出していなかったため、残念ながら、施術師に伝えて見解を尋ねてみることはしていない。しかし、施術師からは、それとは別に、いくつかの興味深い話や闡明に満ちた話を聞くことはできたという。それらの情報については次節で若干ふれるつもりだが、Ｐさんが事態を自分なりに整理して理解するのにおおいに役立った。

私がＰさんから以上のようなできごとについて聞いたのは、その翌日にあった分析のセッションの折りだった。Ｐさんと私は、ここまでＰさんが歩んできた個性化のプロセスにおいて、ほかならぬこの時点でこのような経験をしたことの意義について話し合った。そして、その文脈のなかで深層心理学的に考えうる内的な必然性はいかなることか、私たちなりの仮説にたどり着いた。

Ｐさんは、間を置くことなく、施術師を紹介してくれた武術家にもことの成り行きを伝えた。武術家は、Ｐさんから話を聞く前に、すでに施術師のほうからごく簡単な報告を受けていたらしい。しかし、Ｐさん自身から詳しい経緯を聞いて、施術師からの報告があった際に感じたいくつかのことについて合点がいった、という。武術家は、その点をふまえて、自身の考えをＰさんに伝えてくれた。それについても次節で述べるが、やはりＰさんにとっては身体面で非常に有益なものだった。

異能の施術師による遠隔治療が功を奏したのか、この武術家の助言が身体に好影響を及ぼしたのか、はたまた深層心理学的な分析によってもたらされた新たな洞察が役に立ったのか、Ｐさんの股関節の状態は、ここでようやく最終的な改善に向かうことになる。関節がはずれてしまいそうな感覚は急速に消退し、関節の違和感も薄皮を剥ぐように消えていった。

それぞれの立場から

Ｐさんに対しては、分析家、施術師、武術家が、それぞれの立場から一連のできごとについての理解を促進した。Ｐさんはそれらに助けられて、最終的に、自分で納得のいく意味を見出した。今から、三者三様の観点をかいつまんで見てみよう。まずは分析家からはじめよう。分析家は以下のように見立てて、Ｐさんに伝えるとともに話し合っていた。

先天性股関節脱臼は、その名称とは裏腹に実際は後天性の場合もあると考えられており、おむつの付け方に問題があった可能性が指摘されている。つまり、母子関係の不全を暗示するものである。ただし、Ｐさんの年齢を考えると、Ｐさん自身の母子関係の現れというより、その日の甥との話でトピックになる予定だった娘さんのことが、とりわけ彼女の母子関係が直観されて、股関節の負傷として身体的に表出されたものだったのではないか。

そのような直観が生じた原因は明らかでない。以前からの甥の様子になにがしかの暗示を感じ取っていたのかもしれない。しかし、無意識的なレベルでのことだったため、それは投影されるか、心ないしは身体の症状として現れるかすることになる。今回はたまたま身体的に表出されたが、また別のかたちをとっていた可能性もある。

いずれにせよ、そのあたりの事情はすべて無意識的なことなので、甥の前に現れた彼女の状況とＰさんの状況は、現象としては、共時的に一致を見たと考えることもできるだろう。そして、その文脈で考えるなら、Ｐさんが神社で感じた手の痛みは、彼女が甥から手を切られた刹那、つまり別れ話が成立した際に彼女が経験したそれではなかったか。彼女が縁結びを願ったかもしれないその場所で、Ｐさんの心身がそのような反応を示すのは心理学的にありうることである。

結婚という重要なライフ・イベントをめぐって、元型が活性化されるのは一般的なことと言える。しかも、彼女は、少なくとも数代にわたって家系が抱えてきた問題を背負わされていた。そのような根の深い問題は、それを抱えうる力を持つ者が現れたときに、やはり元型の活性化を引き起こす。彼女の不適応は力不足ゆえのことではない。力不足なら、むしろ問題は顕在化せず、そこをスルーして密かに次代に受け渡される。しかし、彼女はそうではなかった。

以上のような状況は、共時的現象が起きる条件としては充分なものである。その現象は、人と人の境界、人と物の境界を超え、通常の絶対的な時間や空間を相対化させて生じる。しかし、発生したいくつかの現象には、つねに共通の意味が見て取れる。それゆえ、ある特定の元型がそこで活性化されているのを知ることができるわけである。

股関節の負傷の発生には、Ｐさんの要因より彼女の要因が大きい。ただし、Ｐさんにまったく責任がないかというと、そうではないだろう。彼女の母子関係や代々受け継がれてきた問題を表出するにしても、股関節が唯一の象徴的器官というわけではないからである。もともと亜脱臼気味だったのだとすれば、Ｐさんの側にも脆弱性があったことになる。とはいえ、その顕在化がなぜ今だったのかに関しては、何か理由がなければならない。

そこで思い出されるのが、Ｐさんが分析を受けはじめるきっかけとなった症状、すなわち方向喪失感である。Ｐさんは、老いに向かう時期を迎えて、自身のあり方を多少とも見失っていた。アイデンティティが揺らいでいた、というふうに言ってもよい。股関節は、自分の場をしっかり踏みしめ確固として立つために不可欠である。体幹の揺らぎは、アイデンティティの揺らぎを象徴している。

アイデンティティの再構築がここでは行なわれようとしている。この再構築に関しては、興味深い要素がいくつか見られる。たとえば、神社でのできごとが鍵の一つになっていること、遠隔治療の当日にその神社に行っていること、その事実から考えるとなんらかの必然性をもってこの霊的な営みと出会ったらしいことなどである。そこから、老いを迎えつつあるＰさんが本格的に死や他界を見据えることが求められていることが見て取れる。甥の結婚話という世代交代のモチーフが絡んでいるのもそのためだろう。

以上が分析家の見立ての概要である。では、武術家の言はどういうものだっただろうか。

なお、この武術家は、霊能を持つ施術師と親密であることからも想像がつくように、武術の指導においては身体的な面の鍛錬のみならず、精神的、霊的な面の鍛錬も重視しているとのことである。武術本来のあり方を真剣に追求してきた人物なのだろう。さて、その武術家は、一連のできごとを次のように見ていた。

施術師の言う北西の方角にはさる有名な神社があるが、「北西」と聞いたとき、今回の一件にはそこが関係していると直観した。そして、Pさんの話を聞いて、やはりと納得した。Pさんの甥は彼女とそこを訪れたときに、結婚に先立つ相談のことを彼女に話したにちがいない。家の代々のしがらみから抜け出したかった彼女の一念は、神社の霊的な気によって増幅され、その場にも残り、またはるばる一〇〇キロの懸隔を超えて影響を及ぼしたのだろう。

人の念がいかなる力を持っているか、そしてそれを操作しえたときどれほどの作用を発揮するか、格の高い相手と真剣勝負をしたことがあれば容易にわかる。また、さまざまの行を修したことのある者にとっては常識である。それは距離を超越するばかりでなく、時間をも超える。甥が伯父に重要な相談をしに行く、まさにそのときに、彼女自身の意志とは関係なく念が飛んでいくということは、経験上、リアリティをもって理解できる。

とりわけ、心身の不調や気力の衰えがある場合、そのようなものによる影響を被りやすい。少し前に体調を崩していたことは要因の一つだったろう。しかし、そうした現象は、丹田ができていて体軸がしっかりしていれば、そうと意識せずともおのずから遠ざけることができる。自然と結界ができ、揺らぐことがなくなるものだ。そのためには、日々の稽古の積み重ねが必要とされる。

一方、武術家は、施術師の意見も聞いてPさんに伝えてくれた。その内容はこうである。基本的に武術家の直観した内容は妥当と思う。遠隔治療のとき、電話で一声聞いたときに、Pさんに何かが憑いていて、それは北西からやってきたものだとわかった。けれども、昨日や今日に来たものではないようだった。となると、やはり負傷した頃のことかと思われたので、そう尋ねた。

北西にあるその神社の気は、ネガティヴな念と同調して強める傾向があるので、人によってはあまりよくない。今回はそうした相乗効果が働いていただろう。Pさんが参拝した夕暮れ時には、とくにそういうことが起きやすい。逢魔《おうま》が時になると、それまではひっそり隠れていた邪霊が神域の境目あたりで動き出し、悪さをしはじめるからである。神社には苦悩を抱えて祈願をしに来る人が少なくなく、いわば穢れの捨て場所にもなっているため、邪霊には事欠かない。施術師はそのように語ったそうである。

共時性という鎹《かすがい》

Ｐさんは、以上のような経過で、複雑な共時的現象を経験した。そうした実際の経験を通して、異界、過去世や来世、意念や霊といったものにまつわるリアリティにふれたのだ。そして、周囲からさまざまな助力をもらって、Ｐさんが自分に起きたできごとの持っている意味を充分に意識化し納得すると、頑固に続いていた股関節の疼痛や違和感はもとより、方向喪失感も消え去った。

ここで、Ｐさんは、自身の新たな視野と立ち位置が獲得できている。この場合、異界や霊といったものが実在するかどうかは大きな問題ではない。それよりもはるかに重要なのは、一連のプロセスのなかでＰさんが生と死を正面から見据える準備が整ったという事実であり、異界や霊といった諸観念となにがしか関連する経験がそのための道を提供したことである。

異界や霊が実在するか否かはともかくとして、それらが元型的な観念であることは少なくともまちがいない。元型とつながりのある観念やイメージは、人間にとって圧倒的なリアリティを持っている。ここで、物理学者であるパウリがユングとの共著のなかで述べていたことを思い出してほしい。パウリは、ケプラーの発見した科学的真理の背景で元型的な観念が働いていたことを指摘していた（Jung, Pauli, 1952)。

　元型的な諸観念は、さまざまな科学的真理に至る発想を可能にしてきた。おそらくは、科学的真理そのものが一般的に元型的な観念に由来している。元型的観念の影響を受けて発想され、証明されてきたのである。元型的な経験は、現時点で科学的に証明されているものごと以上の永遠の真理であると言ってよい。つまり、それは、私たちにとって究極の人間的真理なのである。

　Pさんのケースは非常に興味深い。というのは、Pさんの理解を助けるために、分析家、武術家、施術師がそれぞれに助力しているからである。Pさんの個性化のプロセスを促進したのは分析だけではなかった。中心となる共通の一つの課題に対して、それぞれがそれぞれの立場から独自の取り組みを行ない、その結果、Pさんの個性化が効果的に進んだ。そして、そこで重要な役割をはたしたのが共時的な現象だった。

　そこでは、Pさんが経験した共時的な現象をめぐって、同時進行で三つの異なる方向からのアプローチがなされている。分析家は心の観点から、武術家は身体の観点から、施術師は霊の観点からそれぞれのアプローチを行ない、それらが綜合されることによってPさんの抱えていた問題は解消され、新たな道が開かれたのだった。そして、それらの要となったもの、あるいは鎹となったのが共時性の原理である。

「三つの異なる方向から」といっても、実際には重なり合いもあった。分析家は身体や霊の観点にまったく疎かったわけではないし、武術家も心や霊（精神）のことには造詣が深かった。施術師も、むろん、心や身体の問題には充分ななじみがあった。心、身体、霊のいずれに重点を置くかこそちがえ、彼らはもともと一つの大きなフィールドでそれぞれの仕事をしていると言えよう。

そのような三人を、あるいはそのような三領域を一つにつないで、本来の大きなフィールドを浮かび上がらせ、はからずも共同作業を可能ならしめたもの、それこそが共時性だった。彼らのそれぞれが互いの属する近縁領域を尊重できるのも共時性のおかげなら、彼らがそもそもそういった個々の領域で活動する契機となったのもおそらくは共時性の経験だったはずである。

前にも述べたように、ユングの高弟、C・A・マイアーは、心と身体の関係性（心身相関）に共時性が重要な役割をはたしていることを指摘した（Meier, 1989）。脳と心が同一であるかどうかについては、現在の科学では結論が出ていない。身体が脳の指令や身体自身の内的なフィードバック機構のみによって活動しているかどうかについても同様である。そのうえ、心が原因となって身体に結果が生じる、もしくはその逆という関係性だけでは説明しにくい活動が心身にはある。

それゆえ、マイアーは心身の共時的関係性を提唱したのだが、私はそこに霊も加えたい。すなわち、人間の心・身・霊の間に共時的な関係性があることを指摘したいのである。広く捉えれば、霊ないし精神は心の一部と見なしうるかもしれない。しかし、西洋の伝統においても、東洋の伝統においても、霊ないし精神は、心とは必ずしも一致しない独自の在処を与えられてきた。

霊の意味するところを簡単に説明するのは難しい。精神という語は近代の風潮のなかで医学化され、もはや心と区別のつかないものとなっている。「精神医学」は原語ではpsycheのiatros、つまり心の医学を意味するのだが、それが「精神医学」という訳語になっていることからしても、霊と心の混同は容易に見て取れるだろう。一方、「心理学」はpsycheのlogosで、訳語のなかに正当にも「心」なる語が含まれている。にもかかわらず、心理学が研究のなかで扱う範囲はいわゆる「精神」mindのそれから出るものではない。

そして、ごく一般的に使われている範囲における「精神」という語の意味合いを考えてみても、「精神医学」なる語における「精神」とちがいがない。けれども、本来の「精神」は、文字どおり「精」であり「神」である。spiritは根本的にpsycheとはちがう。こうした心と霊の混同、あるいは未分化さに対して、私たちはもっと敏感でなければならないのではなかろうか。

「霊」には多様な側面があり、相当な広がりを持っている。たとえば、その一つとして、私たちに内在する神的なものを意味することがある。神的なものといっても、ピンからキリまで、さまざまな次元のものがある。そして、内在するもののみならず、外在するもの、外在すると考えられたり感じられたりするものも含む。spiritという語として考えるなら、士気や気風のほか、揮発性のもの、重さのないもの全般を意味しうる。

重さのないものという観念を敷衍するなら、霊感、霊能、霊界、霊魂、霊媒といった語群を構成する「霊」もspiritであることを理解するのはたやすい。本章のはじめにふれた、ユングの学生時代の超常現象においても、ユングやフレイ-ローンがアクティヴ・イマジネーションのなかで経験した死者の霊魂との関わりにおいても、やはり共時性が心・身・霊をつなぐ鎹となっている。

おわりに

本書で見てきた共時性

紙幅ももはや尽きようとしている。最後に、本書で見てきた共時性について簡単にまとめて、締め括りとしたい。共時的現象としては、ユングの取り上げたもの、ユング派分析家がふれているもの、ユングの共同研究者だったパウリにまつわるもの、私がアナリザンドと経験したもの、私自身の遭遇したものなど、多くの興味深い例をあげてきた。そして、それらを通じて、共時性の定義、研究の歴史や広がり、現象の発生する条件、臨床的意義などを論じた。

これまでにあった数多《あまた》の解説書と重複することは置いておいて、ここでは、本書のいくつかの主張を中心にまとめておこう。最初に言及すべきは、共時性が「今ここ」への集中を特徴としていることである。共時性の経験においては時間と空間が相対化されることをユングは指摘しているが、その本質は「今ここ」への集中にある。

「今ここ」に向かって集中してくるものとは何か。それは永遠と無辺にほかならない。過去と未来は今現在へと収斂し、遠くも近くもここへと収斂する。それゆえ、共時性の経験は深い宗教性を帯びることになる。永遠と無辺がいきなり現出するからである。共時的現象の生起するさまは、時空の痙攣発作にも譬えられる。「今ここ」という一点に皺が寄るかのように永遠と無辺が集められて畳み込まれていく。そこでは、いっさいがっさいが一つのネットワークを成し、意味の網の目をかたちづくる。

したがって、「今ここ」を生きるあり方は、共時的現象を発生させる条件の一つとなる。ただし、あくまでも条件であって、原因ではないことに注意が必要である。「今ここ」を生きるあり方として、本書ではいくつかの例をあげた。これまで類書であまり指摘されていなかったものとしては、発達系の人、身体系個性化の人、アクティヴ・イマジネーションを試みている人などがある。

そして、ユング派の観点から、共時性を象徴する元型的なイメージ、神話的モデルを考えた。それは、かつて私が発達系のあり方を象徴するものとして取り上げたのと同じ、わが国の荒ぶる神、スサノヲである。発達系の象徴としてのスサノヲは「今ここ」の化身なので、共時性の一つの側面を表しているのは当然のことと思われるが、ここではさらにもう一つ注目した点がある。

スサノヲはアマテラスとの間で「誓約《うけい》生み」と呼ばれる、一種の占いを行う。占いは共時性の原理をそのまま利用した営みとして知られているが、誓約生みならどれでもすぐれた共時性の象徴ということではなく、スサノヲによる誓約生みこそが格別に共時的と考えられる。興味深いのは、その誓約生みの成り行きである。まずは、スサノヲがアマテラスに対して行なった乱暴狼藉だが、そこには、共時性によって開示される運命が暴力的に侵襲を与えることが象徴的に語られている。

スサノヲの誓約生みの成り行きには、もう一つ先の重要な側面がある。そのように暴力的に侵入してくるマレビト的な運命との折衝である。不意に来訪する危険な異人をいかに丁重に迎え入れ、もてなし、静かではあるがぎりぎりのエッジの上で互いの要求や主張を折り合わせることができるか。そこに折衝の妙がある。成功裡にマレビトを送り出すことができれば更新と変容が約束されるだろう。

ことほどさように、共時性は個性化の鍵となる。しかし、それだけでなく、共時性が超常への窓になっていることも忘れてはならない。共時的な現象が、心的な事象、身体的な事象(もしくは物的な事象)、そして霊的な事象をつなぐ。印象的な事例を通してそのことを示した。霊性にまつわる議論は、従来の心理学がずっと等閑に付してきた、いちばん苦手な領域である。

発達系の人たちは、おそらく身体を基盤とする豊かな宗教性を持っている。また、身体系の人たちは、身体という物を介して、行にも似た個性化のプロセスを生きていく。いわば、霊性の人たちである。それゆえ、これらの人たちは共時的現象と縁が深い。近年こうした人たちに注目がなされ、心理学が今まで積極的に扱ってこなかった心身の秘密に光が当たりつつあるが、それはじつは霊性の深層心理学がついに開かれたことをも意味している。

霊性の復活という課題に向けて

話の成り行き上、最後に、霊のことを少し考えておこう。共時性を緻密に研究したR・メインは、数多くの事例をもとに、共時的現象がヌーメン性（戦慄にして魅惑）、奇跡性、変容性、一体性、超越性と遍在性、啓示性を備えていることを示し、それらを霊性という一語でまとめている（Main, 2007）。共時的現象が従来、心にまつわる側面と物にまつわる側面にまたがって発生するとされてきたことを考慮に入れるなら、やはりそこには霊というものも加わって、心、物（あるいは身体）、霊の三者が巻き込まれていることがわかる。

では、霊とは実在するものなのだろうか。この問いはほとんど意味をなさない。「実在」を科学的に証明しうる範囲内のこととして考えるなら、おそらく答えは「否」である。しかし、心のリアリティとしての範囲内、あるいは深い次元の五感や第六感の範囲内であれば、霊の実在は経験的に肯定しうる。霊の実在に関する論争は、どこまでの範囲で考えるかを異にする二つの立場の間でなされていることが多い。それでは、結論など出るはずがないではないか。

霊が実在すると主張すれば、科学的な立場からは、錯覚、幻覚、妄想と言われるかもしれない。しかし、それは、共時的な諸事象は因果律の埒外にあるから連関はないと断定するのと同様の、狭量にして短絡的な見方である。世界というもののリアリティは、むしろ、科学からは錯覚、幻覚、妄想と見なされるあれこれがあってこそ、奥行きのある立体的なものになるのだ。

霊に関する客観性というものがあるとすれば、おそらく物に関する客観性と質的に同じではない。物に対してなら一義的に定義づけたり特徴づけたりできるかもしれないが、霊に対する定義づけや特徴づけは人それぞれの感性や経験によって異なる。むろん、それでよい。霊に関する客観性とはそういうものなのだ。物に関する客観性の保証の仕方を霊のリアリティに押しつけてはならない。

人間の関係性を扱う研究領域のフィールドワークにおいては、しばしば関与観察と呼ばれる方法が採用される。研究者自身が、客観的な立場からではなく、ほかならぬフィールド内に存在するひとりの人間として影響を与え与えられしながら、生起する現象を観察する方法である。観察者は空気のような存在にはなりえない、という事実を真摯に受け止めるなら、まことに自然な方法と言える。

それは量子論の不確定性原理を連想させる。心や関係性をめぐって、あたかも隠れ蓑のなかにいる観察者がいるかのように仮定して「科学的」に「客観的」な論を進めていくうちに、たいていの者は、はじめにそのようなありえない仮定をしていたことを都合よく忘れてしまう。フィールドによっては、関与観察を行なってはじめて担保しうる客観性というものがある。そういうフィールドは人間の関係性だけではない。霊のリアリティもまたその一つと考えるべきだろう。

そして、そこでは、いわゆる二重見当識が重要になる。統合失調症の患者は、一方で頑固な妄想の世界を生きていながら、その内容とは矛盾する現実の世界にも当たり前のように適応していることがある。リアリティの捉え方が重層的になっているわけで、これを二重見当識と呼ぶ。たとえば、一週間以内に世界が滅亡すると信じているにもかかわらず、一か月後に迫っている運転免許の更新期限をいたく気にしている、といった状態である。

なるほど、二重見当識を持っていること自体は病理的な状態である。しかし、いかなる症状も生理的な生体反応をもとにしており、本来的には生存に役立つ側面を持っている。それが少し過剰になったり逸脱したりしたものが症状である。つまり、二重見当識にも、症状になる以前の生理的なものがあるにちがいない。生理的な二重見当識があるとすれば、それはいかなる目的に役立つだろうか。

答えは一つしかないように思われる。すなわち、人が生にまつわる霊的な側面を安易に捨象せず、もう一つの重要なリアリティとして尊重できるようにすることである。科学の発達する以前にそれがきわめて重要だったことは言うまでもない。そして、それは、科学が発達しても不要にはならないのである。無意識は今もそのような太古的なリアリティを生きているのであり、意識ないし自我は、それを知らないと無意識と関わりを持っていくことができない。

霊にまつわるリアリティは、科学の提示するリアリティの偏りを補償するものとなる。ただし、霊の実在を主張する立場も、科学の立場と同じように偏っているのかもしれない。真実はおそらく、両者の中間にある。対立し合う見方、対立し合う価値観、対立し合う主張。両者は架橋されなければならない。その両者がなす鬩《せめ》ぎ合いの間に、細い細い一本の道があるだろう。二河白道《にがびゃくどう》。すなわち、あちらでもなく、こちらでもない、第三の道である。

心が第三の道をおのずから創造したり見出したりしていく働きを、ユングは超越機能と呼んだ（Jung, 1916a）。超越機能は個性化のプロセスの端々で姿を見せる。しかし、それまでがまことにたいへんである。それまでの間、対立し合うものの間にいる者に作用する、両極へと引き裂く力に耐えなければならない。この強烈なテンションに耐えるのは容易ならざることである。

現在、西洋はいざしらず、少なくともわが国においては、霊や霊性に思いを馳せる者は表向きほとんどいない。二〇世紀末を境に、わが国では、心からも急速に霊性が消え失せたように感じられる。いわゆるニュー・エイジの時代に見られた霊性への注目を記憶している者からすると、まことに隔世の感がある。あのオウム真理教事件のトラウマが強烈だったことの影響もあるのだろう。あれ以来、霊だの霊性だのということを口にするなら、いかがわしい者、狂信的な者と疑われることを、それまで以上に覚悟しなければならなくなった。

パウリは、西洋では一七世紀を境に物から失われてしまった霊性を取り戻すことを目論み、錬金術の残した最後の光芒を追った。そして、ユングとともに共時性の原理にたどり着いた。ユングとパウリが共時性をめぐって共同研究を行なっていた頃、心にはまだ相当に霊が伴っていたのだろう。彼らには、心に霊を取り戻すという発想はほとんどなかったようである。今を生きる私たちには、むしろ不思議なことにすら見える。

私たちは共時性に対して、パウリがかけた期待、つまり物に霊を取り戻すということよりもさらに困難なことを期待せざるをえない。すなわち、今や、心にも霊を取り戻さなければならなくなっているのだ。心に霊が伴っているのがユングにとって珍しくなかったのだとすれば、状況はさらに悪化しているのであり、私たちはユングが取り組んだ以上に厄介な仕事に取り組むことを余儀なくされている。

錬金術師は二重見当識を持っていた。一方はこの世のリアリティ、そして他方はイマジネーションのリアリティである。彼らが重視したのは imaginatio vera et non phantastica、すなわち「真正にして空想ならざる想像《イマジネーション》」だった(Franz, 1981)。真正なるイマジネーションこそ、この世のリアリティと並び立つ、もう一つのリアリティなのである。霊にまつわる主観的経験がはらんでいる「真正にして空想ならざる想像」を選り分けることをたいせつにしなければならない。

共時性が担う役割は、現代においてはますます大きくなっている。共時性を目的的に考えてよいかどうかは賛否のあるところだが、それが及ぼしうる影響として、少なくとも心や身体(物)と重ね合わせてそこに霊を在らしめるということはある。私たちの時代における喫緊の課題である霊性の復活は、共時的現象に真剣に向き合い、そこで感じ取った意味をめぐって浮かび上がってくる霊の働きを心底、実感することからはじまる。

文献（邦訳があるものはあげておくが、必ずしもここにあげた版が底本ではない。）

Asper, K., 1987, *Verlassenheit und Selbstentfremdung*, 4. Auflage, Walter-Verlag.（老松克博訳，2001，『自己愛障害の臨床——見捨てられと自己疎外』，創元社．）

Bair, D, 2003, *Jung: A biography*, Little Brown.

Bill, W, 1939, *Alcoholics anonymous: The original 1939 edition*, Dover Publications, 2011.

Bolen, J. S., 1979, *The tao of psychology: Synchronicity and the self*, Harper San Francisco.（湯浅泰雄監訳，渡辺学・阿内正弘・白濱好明訳，1987，『タオ心理学——ユングの共時性と自己性』，春秋社）

Cambray, J., 2009, *Synchronicity: Nature & psyche in an interconnected universe*, Texas A & M University Press.

Combs, A., Holland, M., 1996, *Synchronicity: Through the eyes of science, myth, and the trickster*, Marlowe & Company.

Enz, C, 1994, A biographical introduction, Enz, C. P., Meyenn, K. von, eds., Schlapp, R., tr., *Writings on physics and philosophy*, Springer Verlag（*Aufsätze und Vorträge über Physik und Erkenntnistheorie*, Friedrich Vieweg & Sohn）（並木美喜雄監修，岡野啓介訳，1998，『パウリ　物理学と哲学に関する随筆集』，シュプリンガー・フェアラーク東京．）

Erkelens, H. van, 2002a, Introduction to *The piano lesson, Harvest*, 48 (2), 116–121.

Erkelens, H. van, 2002b, Wolfgang Pauli, the feminine and the perils of the modern world, *Harvest*, 48 (2), 142–150.

Erkelens, H. van, 2002c, Aniela Jaffé: Bridge between Pauli and Jung, *Harvest*, 48 (2), 151–152.

Erkelens, H. van, Wiegel, F. W., 2002, Commentary on *The piano lesson*, *Harvest*, 48 (2), 135–141.

Fierz, M, 1988, *Naturwissenschaft und Geschichte: Vorträge und Aufsätze*, Birkhäuser.

Franz, M.-L. von, 1970, *Zahl und Zeit: Psychologische Überlegungen zu einer Annährung von Tiefenpsychologie und Physik*, Ernst Klett Verlag.

Franz, M.-L. von, 1980, *On divination and synchronicity: The psychology of meaningful chance*, Inner City Books.（濱野恵一・治部眞里訳，1990，『偶然の一致の心理学――ユング心理学による占いと共時性の原理』，たま出版．）

Franz, M.-L. von, 1981, Introduction, Hannah, B., *Encounters with the soul: Active imagination as developed by C. G. Jung*, pp. 1–2, Sigo Press.（老松克博・角野善宏訳，2000，『アクティヴ・イマジネーションの世界――たましいとの出逢い』，創元社．）

Franz, M.-L. von, 1988, *Psyche und Materie*, Daimon Verlag.

Frey-Rohn, L, 1980, Sterbeerfahrungen psychologisch beleuchtet, Jaffé, A., Frey-Rohn, L., Franz, M.-L. von, *Im Umkreis des Todes*, Daimon Verlag.（氏原寛・李敏子訳，1994，心理学的に解明された「死」の経験，ヤッフェ他著，『臨死の深層心理』，人文書院．）

Hannah, B., 1981, *Encounters with the soul: Active imagination as developed by C. G. Jung*, Sigo Press.（老松克博・角野善宏訳，2000，『アクティヴ・イマジネーションの世界――たましいとの出逢い』，創元社．）

Jaffé, A., hrsg., 1977, *C. G. Jung: Bild und Wort*, Walter-Verlag.（氏原寛訳，1995，『ユング そのイメージとことば』，誠信書房．）

Johnson, R., 1986, *Inner work: Using dreams and active imagination for personal growth*, Harper & Row.

Jung, C. G., 1902, Zur Psychologie und Pathologie sogenannter okkulter Phänomene, *Die Gesammelte Werke von C. G. Jung (GW)*, Bd. 1, Walter-Verlag, 1966.（宇野昌人・岩堀武司・山本淳訳，1982，『心霊現象の心理と病理』，法政大学出版局．）

Jung, C. G., 1912/1952, *Symbole der Wandlung: Analyse des Vorspiels zu einer Schizophrenie, GW5*, Walter-Verlag, 1973.（野村美紀子訳，1985，『変容の象徴――精神分裂病の前駆症状』，筑摩書房．）

Jung, C. G., 1916, Die transzendente Funktion, *GW*8, Walter-Verlag, 1967.（松代洋一訳，1985，超越機能，『創造する無意識』，75–136，朝日出版社．）

Jung, C. G., Wilhelm, R., 1929, *Das Geheimnis der Goldene Blüte, ein chinesische Lebenbuch*, Walter-Verlag..（湯浅泰雄・定方昭夫訳，1980，ヨーロッパの読者への注解，『黄金の華の秘密』，人文書院．）

Jung, C. G., 1930, Zum Gedächtnis Richard Wilhelms, *GW*15, Walter-Verlag, 1971.（湯浅泰雄・定方昭夫訳，1980，リヒアルト・ヴィルヘルムを記念して，『黄金の華の秘密』，人文書院．）

Jung, C. G., 1940, Psychologie und Religion, *GW*11, Walter Verlag, 1963.（村本詔司訳，1989，「心理学と宗教」，『心理学と宗教』，人文書院．）

Jung, C. G., 1942, Paracelsica: Zwei Vorlesungen über den Arzt und Philosophen Theophrastus, *GW*13/15, Walter-Verlag, 1978/1971.（榎木真吉訳，1992，『パラケルスス論』，みすず書房．）

Jung, C. G., 1944, *Psychologie und Alchemie, GW*12, Walter Verlag, 1972.（池田紘一・鎌田道生訳，1976，『心理学と錬金術Ⅰ／Ⅱ』，人文書院．）

Jung, C.G., 1946, Die Psychologie der Übertragung, GW16, Walter Verlag, 1958.（林道義・磯上恵子訳，1994，『転移の心理学』，みすず書房．）

Jung, C. G., 1948, Der Geist Mercurius, *GW*13, Walter-Verlag, 1978.（老松克博訳，近刊，『霊メルクリウス（仮）』，創元社．）

Jung, C. G., 1950, Zur Empirie des Individuationsprozesses, *GW*9-I, Walter-Verlag, 1976.（林道義訳，1991，個性化過程の経験について，『個性化とマンダラ』，みすず書房．）

Jung, C. G., 1951a, *Aion: Beiträge zur Symbolik des Selbst, GW*9/Ⅱ, Walter-Verlag, 1976.（野田倬訳，1990，『アイオーン』，人文書院．）

Jung, C. G., 1951b, Über Synchronizität, *Eranos Jahrbuch 20-1951*, 271-284, Eranos Foundation.（河合俊雄訳，1991，共時性について，E・ベンツほか著，山内貞夫ほか訳，『エラノス叢書2 時の現象学Ⅱ』，平凡社．）

Jung, C. G., Kerényi, 1951, *Einführung in das Wesen der Mythologie: Das göttliche Kind／Das göttliche Mädchen*, Rhein-Verlag.（杉浦忠夫訳，1975，『神話学入門』，晶文社．）

Jung, C. G., Pauli, W., 1952, *Naturerklärung und Psyche*, Rascher Verlag.（河合隼雄・村上陽一郎訳，1976，『自然現象と心の構造――非因果的連関の原理』，海鳴社．）

Jung, C. G., 1954a, Der Philosophische Baum, *GW*13, Walter-Verlag, 1978.（老松克博監訳，工藤昌孝訳，2009，『哲学の木』，創元社．）

Jung, C. G., 1954b, Die Visionen des Zosimos, *GW*13, Walter-Verlag, 1978.（老松克博訳，近刊，『ゾ

シモスのヴィジョン（仮）』，創元社．）

Jung, C. G., 1954c, Theoretische Überlegungen zum Wesen des Psychischen, *GW*8, Walter Verlag, 1967.

Jung, C. G., 1955/1956, *Mysterium coniunctionis*, *GW*14, Walter Verlag, 1968.（池田紘一訳，1995/2000，『結合の神秘Ⅰ／Ⅱ』，人文書院．）

Jung, C. G., 1968, *Analytical psychology: Its theory and practice. The Tavistock lectures*, Routledge & Kegan Paul.（小川捷之訳，1976，『分析心理学』，みすず書房．）

Jung, C. G., 1971/1987, Jaffé, A., hrsg., *Erinnerungen, Träume, Gedanken*, Walter-Verlag.（河合隼雄・藤縄昭・出井淑子訳，1972/1973，『ユング自伝１／２』，みすず書房．）

Jung, C. G., 1984, McGuire, W., ed., *Dream analysis: Notes of the seminar given in 1928–1930 by C. G. Jung*, Princeton University Press.（入江良平／入江良平・細井直子訳，2001/2002，『夢分析Ⅰ／Ⅱ』，人文書院．）

Jung, C. G., 1997, Douglas, C., ed., *Visions: Notes of the seminar given in 1930–1934 by C. G. Jung*, Princeton University Press.（氏原寛・老松克博監訳，2009，角野善宏・川戸圓・宮野素子・山下雅也訳，『ヴィジョン・セミナー』，創元社．）

Jung, C. G., 2010, Shamdasani, S., hrsg. u. eingel., *Das rote Buch: Liber Novus*, Patmos.（河合俊雄監訳，田中康裕・高月玲子・猪俣剛訳，2010，『赤の書』，創元社．）

河合逸雄，1972，てんかん患者の神経症状態――覚醒てんかんの精神病理学的研究，『精神神経学雑誌』，74，38–76．

河合逸雄，1987，『意識障害の人間学――てんかんの精神病理』，岩波書店．

木村敏，1980，てんかんの存在構造，木村敏編，1980，『てんかんの人間学』，59-100，東京大学出版会．

Koestler, A., 1972, *The roots of coincidence*, Hutchinson.（村上陽一郎訳，1974，『偶然の本質』，蒼樹書房．）

Le Guin, U. K., 1968, *A wizard of Earthsea*, Parnassus Press.（清水真砂子訳，1976，『影との戦い ゲド戦記Ⅰ』，岩波書店．

Main, R., 1997, Introduction, Main, R. ed., *Jung on synchronicity and the paranormal*, Princeton University Press.

Main, R., 2007, *Revelations of chance: Synchronicity as spiritual expericence*, State University of New York Press.

Meier, C. A., 1986, Psychosomatic medicine from the Jungian point of view, *Soul and body: Essays on the theories of C. G. Jung*, The Lapis Press.（秋山さと子訳，1989，ユング派の視点から見た心身医学，『ソウル・アンド・ボディ』，法藏館．）

Meier, C. A., ed., Roscoe, D., tr., 2001, *Atom and archetype: The Pauli/Jung Letters, 1932-1958*, Princeton University Press.

Miller, A. I., 2010, *137: Jung, Pauli, and the pursuit of a scientific obsession*, W. W. Norton & Company.（阪本芳久訳，2010，『１３７――物理学者パウリの錬金術・数秘術・ユング心理学をめぐる生涯』．）

Mindell, A, 1976, *Synchronicity, An investigation of the unitary background patterning synchronous phenomena*, Dissertaion Abstracts International 37 (2).

Mindell, A, 2010, *ProcessMind: A user's guide to connecting with the mind of God*, Quest Books.（富

士見ユキオ監訳，青木聡・松村憲訳，2012，『プロセスマインド――プロセスワークのホリスティック&多次元的アプローチ』，春秋社．）

老松克博，1999，『スサノオ神話でよむ日本人――臨床神話学のこころみ』，講談社選書メチエ．

老松克博，2000，『アクティヴ・イマジネーション――ユング派最強の技法の誕生と展開』，誠信書房．

老松克博，2004a，『無意識と出会う』(アクティヴ・イマジネーションの理論と実践①)，トランスビュー．

老松克博，2004b，『成長する心』（アクティヴ・イマジネーションの理論と実践②），トランスビュー．

老松克博，2004c，『元型的イメージとの対話』(アクティヴ・イマジネーションの理論と実践③)，トランスビュー．

老松克博，2011，『ユング的悩み解消術――実践！モバイル・イマジネーション』，平凡社．

老松克博，2014，『人格系と発達系――〈対話〉の深層心理学』，講談社選書メチエ．

老松克博，2016，『身体系個性化の深層心理学――あるアスリートのプロセスと対座する』，遠見書房．

大塚義孝，1974，『衝動病理学』，誠信書房．

折口信夫，1930，伊勢物語私記，『折口信夫全集 第十巻』，中公文庫，1976．

折口信夫，1930/1931，古代研究，『折口信夫全集 第一～三巻』，中公文庫，1975．

折口信夫，未発表，「ほ」・「うら」から「ほがひ」へ，『折口信夫全集 第十六巻』，中公文庫，1976．

Otto, R., 1917, *Das Heilige: Über das Irrationale in der Idee des Göttlichen und sein Verhaltnis zum Rationalen*, Trewendt & Granier.（久松英二訳，2010，『聖なるもの』，岩波文庫．）

Pauli, W., 2002, The piano lesson: An active fantasy about the unconscious, *Harvest*, 48 (2), 122-134.

Peat, F. D., 1987, Synchronicity: The bridge between matter and mind, Bantam Books.（管啓次

郎訳，1989，『シンクロニシティ』，朝日出版社．）

Peat, F. D., 2014, *Synchronicity: The marriage of matter and psyche*, Pari Publishing Sas.

Progoff, I., 1973, *Jung, synchronicity and human destiny: Noncausal dimensions of human experience*, Julian Press.（河合隼雄・河合幹雄訳，1987，『ユングと共時性』，創元社．）

Russel, P, 2008, *The global brain: The awakening earth in a new century*, Floris Books.

西郷信綱，1975，『古事記注釈 第一巻』，平凡社．

島田康寛監修，2009，『特別展 神話～日本美術の想像力～』，奈良県立美術館．

Spiegelman, J. M., 河合隼雄，1994，町沢静夫・森文彦訳，『能動的想像法――内なる魂との対話』，創元社．

Szondi, L., 1952, *Triebpathologie*, Verlag Hans Huber.

Thornton, E, 1967, *The diary of a mystic*, George Allen and Unwin.

次田真幸（全訳注），1977，『古事記（上）』，講談社学術文庫．

山中康裕，1994，縁起律について，山中康裕・岡田康伸編，『身体像とこころの癒し――三好暁光教授退官記念論文集』，岩崎学術出版社．

安永浩，1980，「中心気質」という概念について，木村敏編，1980，『てんかんの人間学』，21-57，東京大学出版会．

湯浅泰雄，1999，現代社会と共時性の問題――その歴史と将来を考える，湯浅泰雄著・訳，『ユング超心理学書簡』，白亜書房．

Zabriskie, B., 2001, Jung and Pauli: A meeting of rare minds, Meier, C. A., ed., Roscoe, D., tr., *Atom and archetype: The Pauli/Jung Letters, 1932-1958*, Princeton University Press.

あとがき

もう三十年ほども前の話だが、ちょっとした共時的現象を経験したことがある。とても意味深く感じられたので、今でもときどき懐かしく思い出す。

当時、私は病院勤めの精神科医だったが、京都大学の故河合隼雄教授（わが国初のユング派分析家、元文化庁長官）の教室で臨床心理学の研修をさせてもらっていた。ある日、私は、洛外のある密教系の山寺を訪ねることを思い立った。そこの住職が僧侶らしからぬ（？）とてもおもしろい人物であると聞き、ぜひとも一度会ってみたくなったのである。ところが、行ってみてびっくり。そこには、どうしたことか、河合先生ご夫妻がおられて、くだんの住職と歓談中だったのだ。棚ぼたで私もスムーズに話の輪に入ることができ、たいへんありがたかった。

ここまででもプチ共時性と呼んで差し支えないと思うが、まだ続きがある。住職や河合先生の興味深い話をしばし伺ってから、さきにお暇して、山道を降っていたときのこと。視野の片隅の遠い空にポツンと黒い点が現れるや、見る見る大きくなって、「あ、鳥だ」と思った瞬間、私の頭の上でタッチ・アンド・ゴーをして飛び去っていったのである。鴉だったのかもしれないが、私には、その一瞬の鳥影が隼か長元坊《ちょうげんぼう》のような猛禽類のそれに見えた。

そのときに頭頂部に感じた、鳥の足の厳しくてやさしい刹那の圧力が忘れられない。頭をなでられているような、叱咤されているような、不思議な感覚だった。鳥が霊的なものの象徴であることをここで思い出してほしい。私には、その、重さがあってないような精妙な圧力が、心理学と宗教の両先達からの、言い換えれば心と霊からの、密かなメッセージであるかに思われた。両者の合一を実現するための道を歩むよう強く促されている、と感じたのだった。

しばらくして私は、ユング派分析家の資格を取得するためにスイスに渡った。しばらくは、日本の職場から給料をもらいながらの留学生活だった。もちろん、そんな恵まれた境遇が長く続くわけはない。期限は足早に迫ってくる。そのとき、無職無収入になっても留学を続けようと決心するのを後押ししてくれたのが、あのときの隼体験だった。当分、籍は残しておくから、と温かい言葉をかけてくれた上司には申し訳ないことをしたと思っている。

本書は共時的現象の残した持続的なインパクトがかたちをとったものとも言える。しかし、その執筆には、アナリザンドのOさん、Pさんに分析プロセスの一部を提供していただくことが不可欠だった。ご協力に感謝している。また、コスモス・ライブラリーの大野純一社長には、未熟な企画を二つ返事でお引き受けいただいたばかりか、編集の段階でもあれこれ無理を聞き入れてくださり、ほんとうにありがたかった。くわえて、某大手出版社の元編集者、棟高光生さんの助力が大きかった。その当時の棟高さんとは諸般の事情でいっしょに仕事をすることは叶わなかったが、このたびは、拙稿への助言から一部の編集作業に至るまで、かつて取った杵柄《きねづか》の力を惜しみなく貸してくださった。心よりお礼を申し上げたい。

なお本書に、山口静一先生（埼玉大学名誉教授・日本フェノロサ学会会長、顧問）所蔵の、河鍋暁斎作「須佐之男命の追放」図を掲載できたことは望外の喜びである。突然の依頼であるにもかかわらず、転載をご快諾いただいた山口先生に心より感謝申し上げたい。

平成二八年神無月

秋の深まりゆくそれぞれの被災地に思いを馳せながら

著者　識

◎著者略歴

老松克博（おいまつ・かつひろ）

一九八四年、鳥取大学医学部卒業。一九九二〜九五年、チューリッヒ・ユング研究所留学。現在、大阪大学大学院人間科学研究科教授。ユング派分析家。博士（医学）。
著書：『身体系個性化の深層心理学』（遠見書房）、『人格系と発達系』『スサノオ神話でよむ日本人』（講談社）、『ユング的悩み解消術』（平凡社）、『無意識と出会う』『成長する心』『元型的イメージとの対話』（トランスビュー）ほか。
訳書：ユング『ヴィジョン・セミナー』『哲学の木』『クンダリニー・ヨーガの心理学』、アスパー『自己愛障害の臨床』（創元社）、ファース『絵が語る秘密』（日本評論社）ほか。

共時性の深層——ユング心理学が開く霊性への扉

2016年12月29日　第1刷発行

発行所　㈲コスモス・ライブラリー
発行者　大野純一
〒113-0033　東京都文京区本郷3-23-5　ハイシティ本郷204
電話：03-3813-8726　Fax：03-5684-8705
郵便振替：00110-1-112214
E-mail：kosmos-aeon@tcn-catv.ne.jp
http://www.kosmos-lby.com/
装幀　河村　誠
発売所　㈱星雲社
〒112-0005　東京都文京区水道1-3-30
電話：03-3868-3275　Fax：03-3868-6588
印刷／製本　シナノ印刷㈱
ISBN978-4-434-22916-9 C0011
定価はカバー等に表示してあります。

「コスモス・ライブラリー」のめざすもの

古代ギリシャのピュタゴラス学派にとって〈コスモス Kosmos〉とは、現代人が思い浮かべるようなたんなる物理的宇宙（cosmos）ではなく、物質から心および神にまで至る存在の全領域が豊かに織り込まれた〈全体〉を意味していた。が、物質還元主義の科学とそれが生み出した技術と対応した産業主義の急速な発達とともに、もっぱら五官に隷属するものだけが重視され、人間のかけがえのない一半を形づくる精神界は悲惨なまでに忘却されようとしている。しかし、自然の無限の浄化力と無尽蔵の資源という、ありえない仮定の上に営まれてきた産業主義は、いま社会主義経済も自由主義経済もともに、当然ながら深刻な環境破壊と精神・心の荒廃というつけを負わされ、それを克服する本当の意味で「持続可能な」社会のビジョンを提示できぬまま、立ちすくんでいるかに見える。

環境問題だけをとっても、真の解決には、科学技術的な取組みだけではなく、それを内面から支える新たな環境倫理の確立が急務であり、それには、環境・自然と人間との深い一体感、環境を破壊することは自分自身を破壊することにほかならないことを、観念ではなく実感として把握しうる精神性、真の宗教性、さらに言えば〈霊性〉が不可欠である。が、そうした深い内面的変容は、これまでごく限られた宗教者、覚者、賢者たちにおいて実現されるにとどまり、また文化や宗教の枠に阻まれて、人類全体の進路を決める大きな潮流をなすには至っていない。

「コスモス・ライブラリー」の創設には、東西・新旧の知恵の書の紹介を通じて、失われた〈コスモス〉の自覚を回復したい、様々な英知の合流した大きな潮流の形成に寄与したいという切実な願いがこめられている。そのような思いの実現は、いうまでもなく心ある読者の幅広い支援なしにはありえない。来るべき世紀に向け、破壊と暗黒ではなく、英知と洞察と深い慈愛に満ちた世界が実現されることを願って、「コスモス・ライブラリー」は読者とともに歩み続けたい。